하루 30분, 날마다 기적

MIRACLES IN 90 DAYS

꿈이 이루어지고 인생이 바뀌는
90일 기록의 힘

하루 30분, 날마다 기적

2019년 5월 09일 초판 1쇄 발행
2019년 5월 20일 초판 2쇄 발행
2019년 6월 17일 초판 3쇄 발행

지은이 김부길·김효석·민진홍·박희석·정찬우·홍성희 (가나다 순)
펴낸이 조명곤
편 집 김이수
디자인 정아름

펴낸 곳 일월일일
출판등록 2013. 3. 25(제2013-000088호)
주소 04007 서울시 마포구 희우정로 122-1, 현대빌딩 201호
대표전화 02) 335-5307
팩스 02) 3142-2559
전자우편 publish1111@naver.com

ISBN 979-11-961396-5-0 13320

꿈이 이루어지고 인생이 바뀌는 90일 기록의 힘

하루 30분, 날마다 기적

MIRACLES IN 90 DAYS

김부길 김효석 민진홍 박희석 정찬우 홍성희

일월일일

계획과 실행 단위의 혁명, 90+1

"의미 있는 삶을 살고 있는가? 더 나은 삶을 위해 목표를 세워서 살고 있는가? 목표를 성취하는 방법은 알고 있는가? 성취한 방법을 실천하며 살고 있는가? 아니라면 목표 달성 방법, 즉 도구에 문제가 있는가? 그렇다면 어떤 도구를 원하는가?"

이 책《하루 30분, 날마다 기적》의 여섯 필자 모두 너나없이 스스로 늘 해오던 질문이고, 강의 시간에 수강생들과 나누던 질문이다. 삶의 굴곡을 되게 겪기 전에 이런 질문을 만나 응답했더라면 더없이 빛나는 삶을 살고 있지 않을까 하는 생각도 많이 했다.

"매출이 2주 만에 절반 이상 올랐어요."

"삶의 의미를 좀 찾게 된 것 같아요."

"하루를 계획적으로 살게 되었어요."

"같은 시간에 일을 두 배로 할 수 있게 되었어요."

"써놓은 목표가 정말로 달성되었어요."

'901플래너(90일 성공플래너)'가 세상에 나온 지 3년이 되는 요즘에 들려오는 기적 같은 복음들이다. 그동안 수십 명의 지도 강사를 배출한 힘으로 901플래너 사용자는 수천 명에 이른다. 이런 기세로 가면 국내외 남녀노소를 막론하고 머잖아 수만, 수십만, 아니 수백만 명이 하루 30분 901플래너로 꿈을 이루게 될 것이다. 상상만 해도 가슴 벅찬 일이다.

연이은 시련 끝에 얻은 깨달음

10여 년의 세월, 세상의 유명한 그리고 다양한 플래너들을 사용해보다 대부분 실패로 끝나는 경험을 하였다. 이후에 그 실패의 값진 경험과 어떻게 하면 내 삶을 간단하고도 체계적으로 정리해나갈 수 있을까, 고뇌 끝에 나온 결과물이다.

3년 전 이 무렵, 시행착오를 무수히 겪다 못해 아예 발상을 바꾸었다. 왜 이미 세상에 나와 있는 선택지에서만 답을 찾으려 했던가, 하는 후회가 밀려왔다. 그리하여 아직 세상에 없는 것을 만들어 답을 삼기로 한 것이다.

문제의 핵심은 계획과 실행의 단위

세상의 모든 플래너, 자기계발서 들은 하나같이 계획이라면 무조건 일 년 단위로 세우도록 구성하거나 조언하고 있다. 전통적인 다이어리 구성 개념에 따른 것이다. 그러나 내게 일 년은 시종일관(始終一貫)하기에 너무 긴 시간이었다. 사실 6개월도 길게 느껴지는데, 하물며 일 년이라니. 기록 분량만 해도, 일 년의 일을 노트 한 권에 욱여넣는다는 것 자체가 어불성설(語不成說)이다. 나는 3개월이면 계절도 바뀐다는 점에 착안해 목표를 정하고 계획을 세우는 단위도 3개월, 즉 90일이 가장 자연스러우리라고 여겼다. 또 10년의 실패를 통해 경험으로도 알게 되었다.

90은 알겠는데 그럼 1은 뭔가? 90일간 1개의 목표를 달성한다는 뜻인데, 90일에 1권을 쓴다는 뜻이기도 하다. 어디서부터 시작되었는지는 몰라도 기존의 거의 모든 플래너는 하나같이 7일, 즉 일주일을 실행의 기본단위로 삼고 있었다. 좌우 두 면을 일주일로 잡아(그래야만 일 년을 한 권에 겨우 욱여넣을 수 있으니까) 실행과 관리의 기본단위로 삼고 있어서 일주일이 한눈에 들어오는 장점은 있지만, 바로 그 점이 그간 나를 좌절시킨 주요 원인이었다. 하루를 열심히 살아본 사람이라면 이미 알겠지만, 한 면을 세로로 4등분 한 좁은 공간에 '나의 하루'를 기록하고 관리하는 것 자체가 큰 고통이었다. 워낙 칸이 좁다 보니 하루 시간표를 제대로 적을 수도 없고, 중요한 일 목록을 있는 대로 적을 수도 없고, 뭐 하나 제대로 할 수 있는 게 없었다.

그래서 실행 단위를 일주일에서 하루로 바꿔 잡았다. 그러자 모든 문제가 풀렸다. 십 년 묵은 체증이 확 가셨다. 우리의 '하루'는 901플래너에 와서 비로소 펼친 두 면의 드넓은 장소를 얻었다. 이 장소에서는, 꿈을 꾸고 기록하고 이루는 온전한 하루가 가능했다.

단순화가 지속성을 높인 비결

"매일 따라 하기만 하면 성공을 주는 도구, 계획의 실행 여부를 확인할 수 있는 도구, 인생계획부터 일간계획까지 한 번에 해결되는 도구, 작성이 손쉽고 간단한 도구, 하나로 모든 업무가 해결되는 도구."

이런 도구를 만드는 것이 과연 가능할까, 스스로 의심도 했다. 이러다 꿩도 매도 다 놓치는 것은 아닐까, 두렵기도 했다. 하지만 다 놓치는 한이 있더라도 한번 시도는 해보자는, 10년 실패로 단단해진 오기가 치솟았다. 완벽하다고 하지는 않겠다. 세상에 완벽한 것은 없으니까. 이거 하나만 들고 다녀도 하루를 온전히 챙겨 갈무리할 수 있는, 처음으로 나를 만족시킨 기적의 901플래너가 탄생했다. 왜 '기적'인가? 901플래너를 갖게 된 이후 계획이 곧 실행이자 성취일 정도로 마음먹은 대로 거의 모든 것이 이루어졌기 때문이다.

끊임없는 개선과 실행

지금의 901플래너는 수많은 사람의 노력이 쌓이고 정신이 반영되어 담긴 작품이다. 그동안 만난 수많은 사람과 책에 영감(靈感)과 통찰(洞察)을 빚졌다. 하지만 지금의 모습 그대로 완벽할 수는 없다. 901플래너를 사용하는 사람들의 개성과 특성으로 부족한 부분을 채워 저마다의 색깔들이 적극 반영되어 플래너가 만들어진 것이다. 이렇게 만족스러운 정도의 모습을 갖기까지 33번 이상을 고치고 다듬는 노력이 있었다.

901플래너는 여러분이 목표를 세우고 실행하는 데, 나아가 필생의 꿈을 이루는 데 더는 헤매지 않도록 늘 함께하는 길잡이가 되어줄 것이다. 앞으로 더 많은 분이 901플래너와 더불어 행복한 인생을 누리길 바란다.

대표저자 정찬우

6장 미팅·메모 노트 & 인덱싱 독서법

1장

목표 관리가
곧
시간 관리다

인생을 발전시키는 것은 그가 하고 있는 일이 아니라

그가 하고자 하는 일이다. _로버트 브라우닝

오래 사는 삶보다
많이 사는 삶

내 차에 기름을 가득 채우면 몇 킬로미터를 주행할지 대충 계산이 나온다. 제품을 살 때는 AS 기간이 얼마나 되는지 확인해본다. 그렇다면 인생은 어떨까? 자동차처럼 지치지 않고 열정을 내뿜으며 줄곧 달려갔으면 좋겠고, 열정이 식으면 다시 주입할 수 있으면 좋겠다. 혹시 실수를 하더라도 가전제품 AS센터에서 고장 난 부품을 새 부품으로 교체하면 새것처럼 멀쩡해지듯이 내 인생도 그렇게 새것처럼 다시 출발할 수 있으면 좋겠다. 그러나 그건 상상일 뿐이다. 현실에서 주어신 인생은 넘도 없고 AS도 불가능하다. 누구한테든지 주어진 시간은 같다.

당신의 시간은 얼마짜리인가

"1부터 1억까지 쉬지 않고 틀리지 않게 센다면 1억 원을 드리겠습니다. 대신 중도에 포기하면 100만 원을 내셔야 합니다."

누군가 당신에게 이런 제안을 한다면? 단도직입적으로 말하면 절대로 받아들여서는 안 된다. 세는 기준에 따라 다르겠지만 1초에 하나씩 센다고 가정해보자. 하루 24시간은 분으로는 1,440분, 초로는 86,400초다. 1억을 86,400초로 나누면 1,157일이니, 아무것도 안 하고 숫자만 센다고 해도 3년 2개월이 걸린다. 쉬지 않아야 하니 3년 2개월 동안 잠도 잘 수 없고 밥도 먹을 수 없다. 애초에 인간으로서는 불가능한 일이다. 자고 먹고 쉬는 것까지 허용한다고 치자. 그러면 잘해도 5~6년이 걸린다. 1억 원을 받자고 1억까지 세고 있느니 다른 일을 해서 1억 원을 버는 것이 훨씬 빠른 길이다. (2009년 SBS 드라마 〈씨티홀〉 참조)

만약 그래도 이 내기에 응하는 사람이 있다면 그는 자신의 시간가치를 1초에 1원도 안 되게 싸구려로 팔아넘기는 실수를 저지르는 셈이 아닐까?

그럼 일당은 86,400원? 아니, 하루 노동시간(8시간) 기준으로 따져야 하니 일당은 28,800원, 시급은 3,600원으로 최저임금의 절반에도 못 미친다. 언뜻 보면 별것 아닌 조건(1억까지 세는 것)에 거액(1억 원)을 걸어 매력적인 제안 같지만 따져보니 불가능한 조건인 데다가 설령 가능하다 해도 시급 3,600원의 현실성 없는 제안일 뿐이다.

누구에게나 시간은 유한하고 충분치 않으므로 시간을 마구 싸구려로 팔아넘기지 말고 분초를 아껴 소중하게 써야 한다는 얘기다.

정말 바쁘게 열심히 산 것 같은데 대체 무엇을 위해, 무엇을 하며 그렇게 살았는지 알 수 없는 경우가 많다. 시간을 주도하지 못하고 맨날 시간에 쫓겨 허둥지둥 살아왔기 때문이다. 평소에는 공기의 소중함을 모르듯 시간도 지나봐야 가치를 느끼게 된다.

인생을 더 많이 사는 비결

요즘 TV에서 방영되는 〈생활의 달인〉을 보면, 보면서도 믿기지 않는 묘기를 가진 놀라운 달인들이 등장한다.

시간도 마찬가지로 관리하는 수준이 천차만별인데, 일찍이 '시간 관리의 달인'으로 불린 사람이 있었다.

우리나라에도 번역 소개되어 베스트셀러를 기록했던 《시간을 지배한 사나이》(정신세계사, 2008)의 주인공 알렉산드르 알렉산드로비치 류비세프Aleksandr Alexandrovich Ryubisev 다. 소련의 자연과학자 류비세프의 생애를 과학저술가 다닐 알렉산드로비치 그라닌Daniil Alexandrovich Granin이 평전 형식으로 그린 책이다.

류비세프는 플래너의 선구자였다. 그는 시간을 알차게 보내기 위해 일상을 분 단위로 쪼개 살면서 그대로 기록했다. 낱낱의 기록을 통해 시간을 지배한 것이다. 그는 시간에 끌려다닐 게 아니라 시간을 철저하게 능동적으로 활용해야 한다는 신념으로 56년간이나 시간일지를 기록했다.

그는 1972년 82세로 세상을 떠나면서 70여 권의 학술 저서, 1만 2,500여 장(단행본 100권 분량)에 달하는 연구 논문, 그보다 많은 양의 학술자료, 손수 제본한 수천 권의 소책자를 남겼다. 그는 하루 8시간 이상 잠을 충분히 자면서도 피곤하면 휴식을 취했고, 운동과 산책을 한가로이

즐겼으며, 연평균 60여 차례의 공연과 전시를 관람했다. 그는 단테와 셰익스피어의 작품을 줄줄 외우고 작가들보다 더 많은 책을 읽는 한편 가족을 부양하기 위해 학교와 연구소 직원으로 일했으며, 각종 학술 세미나와 국책 사업을 위해 한 해에도 몇 달씩 전국을 돌아다녔다. 그러면서도 평소 가족이나 주위 사람들에게 애정 어린 편지를 자주 쓰는 거로 유명했다. 어떻게 이런 삶이 가능할까? 그가 쓴 시간일지를 보면 충분히 짐작할 수 있다.

1964년 4월 7일, 울리야노프스크

- 곤충분류학: 알 수 없는 곤충 그림을 두 점 그림 — 3시간 15분
- 어떤 곤충인지 조사함 — 20분
- 추가 업무: 슬라바에게 편지 — 2시간 45분
- 사교 업무: 식물보호단체 회의 — 2시간 25분
- 휴식: 이고르에게 편지 — 10분
- 울리야노프스카야 프라우다지 읽기 — 10분
- 톨스토이의 《세바스토폴리 이야기》 읽기 — 1시간 25분
- 기본업무 — 6시간 20분

1964년 4월 8일, 울리야노프스크

- 곤충분류학: 어제 그렸던 곤충의 정체를 완전히 밝혀냄 − 2시간 20분
- 이 곤충에 대한 논문 집필 시작 − 1시간 5분(1.0)
- 추가 업무: 다비도바야와 블랴헤르에게 편지, 여섯 쪽 − 3시간 20분(0.5)
- 이동 − 0.5
- 휴식: 면도, 울리야노프스카야 프라우다지 읽기 − 15분. 이즈베스티야지 읽기 − 10분
- 문학신문 − 20분. 톨스토이의 《흡혈귀》 66쪽 − 1시간 30분
- 림스키 코르사코프의 〈황제의 신부〉 감상
- 기본 업무 − 6시간 45분

이처럼 시간을 '인간이 보유한 가장 소중한 자원'으로 여긴 류비세프는 시간에 관한 많은 명언을 남겼다.

"시계가 많아졌다고 시간이 늘어나는 것은 아니다."

"시간 관리에 투자한 시간과 시간의 효용성은 비례한다."

류비세프만큼은 아니더라도 위대한 업적을 남기거나

성공한 삶을 산 사람들은 대개 시간을 소중하게 여기고 그 시간을 기록했다.

'그럼 나는 평범한 사람이라서 안 되는 걸까?'라고 생각하는 사람이 있다면 잘못된 생각이다. 평범하게 태어난 사람은 아무도 없다. 누구나 태어난 그 자체로 소중하고 특별한 존재다. 나는 그 누구도 대신할 수 없는 존재이므로 부처도 "천상천하유아독존(天上天下唯我獨尊)"이라고 하지 않았던가.

901플래너를 만든 까닭

이렇듯 내가 특별한 존재이니 나의 시간도 특별하다. 《웹스터 사전Webster Dictionary》에 따르면, 시간은 "과거로부터 현재를 거쳐 미래로 이어져가는 크고 작은 사건들의 연속"이다. 그렇다면 시간을 관리한다는 것은 사건들을 조정하는 일이라고도 할 수 있다. 우리는 왜 시간을 관리하려고 할까? 내 인생을 특별한 존재로 만들기 위해서? 주어진 시간에 충실하기 위해서?

회의 혁신과 성과 창출 전문가인 정찬우 박사는 901플래너를 만든 이유가 "많이 살고 싶어서"라고 한다. 여기서 많이 산다는 것은 오래 사는 것이 아니고, 똑같이 주어진 시간에 더 많은 경험과 일을 하며 진하게 산다는 의미다. 누구에게나 하루는 24시간으로 똑같지만, 그 시간을 어떻게 쓰느냐에 따라 시간의 가치는 달라지게 마련이다. 그 시간을 쪼개고 쪼개서 아껴 쓰는 사람은 하루를 더 많이 살게 될 것이고, 아무 생각없이 허투루 흘려보내는 사람은 하루를 그만큼 적게 살게 될 것이다. 류비세프처럼 시간을 기록하는 사람은 하루를 더 많이 살기도 하려니와 그 시간을 즐겁게 누리며 살 수 있을 것이다. 류비세프는 죽기 전에 이런 말을 남겼다.

"나는 누구인가? 나는 온갖 것에 관심을 가진 딜레탕트이다."

딜레탕트dilettante는 '즐긴다'는 뜻의 이탈리아어 딜레토diletto에서 유래되었다. 딜레탕트는 연구하고 일하는 과정에서 느끼는 즐거움이다. 그런 의미에서 901플래너는 시간을 쪼개 쓰고 기록함으로써 더 많은 즐거움을 누리도록 도와주는 최고의 도구라고 할 수 있다.

성공한 사람들의
시간 관리 황금률

———— "인생이란 절대 공평하지 않다. 이 사실에 익숙해져라."

세계적인 부자로 꼽히는 마이크로소프트 창업자 빌 게이츠^{Bill Gates}가 한 말이다. 그는 "태어나서 가난한 건 당신의 잘못이 아니지만, 죽을 때도 가난한 건 당신의 잘못이다"라는 말로 남을 원망하거나 환경을 탓하는 사람들의 패배주의에 경종을 울렸다.

어떤 진리에 따라 살 것인가

"세상은 그렇게 만만하지 않아."

"나도 옛날에는 꿈이 있었는데 말이야."

"생각한다고 다 그대로 되지는 않아."

"포기할 건 빨리 포기해야지."

이런 말들을 쉽게 내뱉는 사람이 필자 주변에도 꽤 많다. 물론 겪어보지 않고 그냥 하는 말은 아니므로 틀렸다고 볼 수는 없다. 그렇다고 한숨 쉬면서 지금 자신의 상황을 체념하고, 그 상황에 몸을 맡긴 채 막연히 흘러가듯 살아간다면 악순환만 반복될 뿐이다. 어쩌면 인생은 "생각한 대로 될" 수도 있고, "생각한 대로 되지 않을" 수도 있다. 둘 다 진리일 수는 있으나 그 사람이 어떤 진리를 믿느냐에 따라 앞으로의 인생은 크게 달라질 것이다.

그는 스코틀랜드에서 수직공(手織工)의 아들로 태어나, 1848년 가족과 함께 미국 펜실베이니아주 앨러게니(지금의 피츠버그)로 이주했다. 어려서부터 방직공, 기관사 조수, 전보배달원, 전신기사 등의 여러 직업을 전전하다가 1853년

펜실베이니아철도회사에 취직했다. 1865년까지 이곳에서 근무하는 동안 침대차 회사에 투자하여 큰 이익을 얻었으며 철도기재제조회사, 운송회사, 석유회사 등에도 투자하여 거액의 이윤을 얻었다.

그는 누구일까? 강철왕 앤드루 카네기Andrew Carnegie다. 가난한 집안에서 태어난 그는 주급 1달러 20센트의 일로 시작해서 나중에는 카네기공과대학(현 카네기멜론대학)과 카네기교육진흥재단을 설립할 만큼 거부를 일구었다. 일생을 전·후기로 나누어 비전을 세운 그는 전기에서는 부를 축적하고, 후기에서는 그 부를 사회복지에 투자한다는 신념을 몸소 실천한 위대한 인물로 평가받고 있다. 카네기가 성공할 수 있었던 요인은 '성공한 사람들의 시간 관리 황금률'을 철저히 지켰으며, "인생은 생각한 대로 된다"라는 신념이 몸에 배어 있었기 때문이다.

성공한 사람들의 시간 관리 황금률

인생은 태어날 때부터 공평하지 않지만, 모든 사람에게

공평한 것 중 하나는 하루 24시간을 누린다는 것이다. 그 시간을 어떻게 활용하느냐에 따라 개인의 성패가 좌우된다. 빌 게이츠가 말했듯이 시간의 활용에 따라 성패가 갈리고 부의 격차는 있게 마련이다.

세상에서 가장 영향력 있는 사람들은 자신이 세운 목표를 달성한 이들이다. 이들은 자신에게 적합한 습관을 터득하고, 할 일을 철저하게 계획하며, 우선순위를 짜임새 있게 정하여 적절하게 배분함으로써 시간을 효율적으로 관리할 줄 아는 사람들이다. 성공한 사람들에게는 공통적인 시간 관리 황금률이 있다.

1. 일일 계획을 세우고 최대한 지킨다.
2. 일의 중요도와 긴급성에 따라 우선순위를 정한다.
3. 중요한 일의 마감시간을 정하고, 주변 사람들의 양해를 구한다.
4. 정신 집중이 필요한 일은 가장 능률적인 시간에 처리한다.
5. 해야 할 일을 계획하되, 행동하기 전에 생각한다.
6. 잡다하고 사소한 일은 다른 사람들에게 맡긴다.

7. 한 번에 한 가지 일에만 전념한다. 일단 시작한 일은 마무리 짓는다.

8. 완전무결이 아니라, 자기 능력을 최대한 발휘하는 데 목표를 둔다.

시간 활용을 잘해서 성공한 사람들은 위의 8가지 공통점을 지니고 있으며, 다른 사람들의 손에 자신의 시간을 내맡기지 않고 자기 주도적이다. 실행 계획을 세울 때도 그냥 막연하게 세우지 않는다.

1. 목표: 무엇을 성취할 것인가?

2. 과제: 해야 할 일이 무엇인가?

3. 방법: 어떻게 할 것인가?

4. 시간: 몇 주, 몇 일, 몇 시간이 걸릴까?

5. 마감일: 끝마쳐야 할 날짜는?

위와 같이 최소한 5가지에는 맞추어서 계획하고 점검하며 실행한다. 시간 관리를 철저히 하는 사람들은 심지어 전화 통화도 계획을 세운다. 성공한 사람들은 자신에게 일어날 수 있는 시간을 낭비하는 요인에 대해서도 철저히 파악하여 대비한다. 그렇다면 시간을 낭비하는 요소에는 대략 어떤 것들이 있을까?

1. 장기, 중기, 단기 계획 부재로 인한 낭비
2. 무계획적인 회의 및 불필요한 모임
3. 지나치게 많은 보고서 및 과다한 규제
4. 우선순위 미결정과 흐리멍덩한 목표
5. 마감 일자 미설정과 엉성한 서류 관리
6. 부적절한 업무 분담 및 불필요한 자료 보관
7. 작업 결과에 대한 평가 부재 등등

시간 관리의 마법사, 901플래너

이처럼 성공한 이들은 시간을 낭비하는 요소와 늑장 부리는 습관을 철저히 파악해서 시간 관리 황금률에 맞추어 방해물을 제거한다. 따라서 유능한 사람이나 경영자는 대개 주위 사람들로부터 이런 평판을 얻는다.

"그 사람을 존경한다. 그 사람은 제 의견을 존중하며 의

사결정 과정이 명쾌하다. 개개인의 능력을 극대화하는 혜안을 가지고 있다."

시간 관리를 잘하는 유능한 리더는 전략적 미래상을 가지고 목적을 성취한다. 이들은 계획 능력이 뛰어나며, 단호한 결단력으로 의사결정을 합리적으로 한다. 약속을 철저히 이행하며, 생산성 향상을 위해 시스템을 최대한 효율적으로 활용한다. 성공이란 단련의 산물이자 하나하나의 축적이며, 매일의 도전이다. 우리는 인생의 방향을 스스로 결정할 수 있다. 어떤 위치에 있든, 어떤 일을 하든, 어떤 환경에 있든 철저한 시간 관리를 통해 우리 스스로 삶을 대하는 자세를 결정할 수 있다.

우리가 사용하는 901플래너는 바로 이런 낭비 없는 시간 관리에 최적화된 기록 도구다. 설계된 대로 기록하는 것만으로도 우리는 시간을 불을 보듯 감시하며 손에 쥔 듯이 사용할 수 있다.

나의 '가치'는 결국 그런 시간 관리를 어떻게 하느냐에 따라 결정된다. 우리는 한 사람 한 사람이 이 세상에서 유일무이한 존재이며, 다른 누군가가 될 수 없고, 자신 이외의 그 누구도 아닌 이 세상에 하나밖에 없는 소중한 존재다.

황금률에 맞춘 낭비 없는 시간 관리 방식으로 한두 달 해보다가 큰 변화가 없으면 대부분의 사람은 '이 방법은 내게 맞지 않는다'라거나 '처음부터 무리가 있었다'라며 간단하게 포기해버린다. 그러나 사실은 그때부터 진검승부가 시작된다. 완강히 버티면서 포기하지 않고 결정한 일을 계속해나가면 그때서야 커다란 변화가 일어나기 시작한다. 그것도 누구나 알아차릴 만큼 큰 변화가 말이다. 마지막 한 방울의 물이 컵을 넘치게 하듯이.

공자도 "초조해하지 말고, 서두르지 말고, 포기하지 말라"라고 했다. 맨 처음에는 사람이 습관을 만들지만, 어느 순간부터는 습관이 사람을 만든다.

코끼리를
다 먹어치우는 방법

"코끼리를 어떻게 다 먹을 수 있을까?"

"한 번에 한 입씩 먹으면 되지."

듣고 나면 '뭐야? 싱겁게…' 하며 웃겠지만 질문을 어렵게만 생각하면 한없이 어려워진다. 아무리 먼 길이라도 가까운 길과 가는 방법은 같다. 바로 한 걸음씩 가기.

큰 목표는 쪼갤수록 만만해진다

목표도 마찬가지다. 아무리 원대하고 복잡한 목표라도 지금 당장 해야 할 일을 쪼개내어 작게 만들면 한 입 먹기나 한 걸음 걷기만큼이나 쉬워진다.

팔굽혀펴기를 하려는데 막연히 3,000개를 목표로 세웠다면 엄두가 나지 않을 것이다. 엄두를 낸다고 해도 하루에 이룰 수 있는 목표가 아니다. 30일(한 달)에 걸쳐 3,000개를 한다고 해도 하루 100개씩을 해야 하니 부담스럽다. 그렇다면 아예 90일(석 달)에 걸쳐서 하는 것으로 목표를 더 잘게 나눠보자. 이제는 하루에 30여 개씩만 하면 된다. 이 정도는 마음만 먹으면 날마다 하루도 빼먹지 않고 꾸준히 할 수 있다. 그것도 힘들다면 아침, 점심, 저녁으로 세 번에 나눠서 하면 기껏 10여 개씩이니 그까짓 것쯤, 만만하게 여겨진다. 설령 하루에 1개씩 하더라도 꾸준히만 한다면 괜찮다. 1개씩이라도 날마다 거르지 않고 한다면 그것이 트리거trigger(총의 방아쇠. 어떤 사건의 반응, 사건을 유발하는 계기나 도화선의 의미)가 되어 몸에 배어서 하루에 30개쯤 하는 것도 쉬워질 것이고, 그러면 3,000개 하기는 시간문제일 뿐이다.

그러므로 처음부터 목표를 거대하게 세워 스스로 좌절에 빠지지 말고, 그 목표를 아주 작게 나눠 손쉽게 할 수 있다는 자신감을 갖는 것이 목표를 이루는 비결이다.

안타깝게도 사람들은 이런 원리를 좀처럼 자기 일에 적용하지 못한다. 대규모 프로젝트가 배정되었을 때, 또는 책임자로서 해결해야 할 커다란 난제가 생겼을 때 도저히 해낼 수 없을 것 같으면 시작을 늦추거나 차일피일 미루면서 피하려고만 한다.

그러나 코끼리를 먹을 때 아주 잘게 나눠 한 입씩 먹듯이, 목표를 만만해 보이도록 세분하여 매일 꾸준히 해나간다면 제아무리 큰일이라도 가뿐히 할 수 있다.

여기서 핵심은 목표를 최소단위로 잘게 쪼개는 것이다. 가령, 단순하지만 긴 시간이 걸리는 프로젝트라면 10분쯤이면 해낼 수 있는 작은 단위로 쪼개서 당장 시작해본다. 부담 없이 시작할 수 있어야 지속하는 힘이 생긴다. 그러나 대개는 의욕이 넘쳐 시작부터 무리하기 십상이다. 시작 시점에는 체력도 좋고 동기도 충만하므로 무리하더라도 얼마간은 버텨낼 수 있다. 하지만 마라톤을 단거리 뛰듯 시작해서야 어찌 오래 달릴 수 있겠는가. 이렇게 며칠하다 보면 체력의 한계도 오고 지쳐서 하루의 목표가 점점 더 버거운 짐으로 다가온다. 이럴 때 멈추거나 넘어지면 다시 일어나서 출발하기는 쉽지 않다.

방법에 앞서 목적이 분명해야 한다

코끼리를 한입 크기로 잘게 쪼개 먹는다는 방법도 중요하지만, 그전에 더 중요한 것이 있다. 왜 코끼리를 먹어야 하는지 '목적'이 분명해야 한다는 것이다. 맹목적인 일은 수동적일 수밖에 없으므로 지속하기 어렵다. 내가 해야 할 일의 크기야 어떻든 사명감 없이는 그 일을 해봐야 보람도 없거니와 해내기도 쉽지 않다.

골프를 쳐본 사람은 공감할 것이다. 힘이 좋고 스윙이 빨라 공을 멀리 보낸다고 해서 골프를 잘 치는 것으로 인정해주진 않는다. 골프는 거리보다는 방향이 중요하기 때문이다. 드라이브 없이 아이언만으로도 얼마든지 이븐파를 칠 수 있다. 공을 어디로 보내야 하는지 알고 그 방향으로 정확하게 공을 날리는 것이 멀리 날리는 것보다 훨씬 중요하다. 그래서 골프에서도 장타자보다 교타자가 이길 확률이 높다.

90일 내로 책을 쓴다고 가정해보자. 가장 먼저 할 일은 노트북을 켜는 것이다. 책을 쓰는 첫 목표를 '노트북을 켜는 것'으로 정하면 아주 손쉽게 달성할 수 있다. 그렇게 일단 노트북을 꺼내 켜는 것이 중요하다. 책을 쓴다는 분명한 목적 아래 그 하나의 목표로 노트북을 켰는데 아무것도 안 하고 바로 닫게 될까? 아마 대개는 그렇지 않을 것이다. 이왕 켰으니 집필에 필요한 참고자료를 검색한다든지, 내친김에 한 꼭지 정도 써보게도 될 것이다.

'책 한 권 쓰기'라는 거대한 목표도 그렇게 작은 구석을 하나씩 꾸준히 허물어가면 이루기 어려운 일은 아니다. 다만, 책을 쓰기 위해 노트북을 켰다는 목적의식만 흐리지 않으면 된다. 목적의식이 흐릿하면 인터넷 창에서 유혹하는 각종 가십성 기사나 글에 현혹되어서 길을 헤매기 십상이기 때문이다.

트레이시의 목표를 이루는 방법

지금부터 브라이언 트레이시Brian Tracy가 알려준 '목표 달성 방법'을 따라 해보자.

우선 백지 한 장을 준비한다. 그 종이를 가로로 놓고 반으로 접는다. 접혀 있는 종이의 왼쪽 위에 크게 '목표'라고 쓴다. 그리고 적어도 1년 안에 달성할 목표 10가지를 적는다.

이때 목표는 반드시 현재형으로 쓴다. 마치 지금 그 목표를 달성한 것처럼 쓴다. 가령 '체중을 줄이고 싶다'는 목표를 정했다면 줄이고 싶은 체중을 이렇게 적는다. "나의 체중은 ○○kg이다." 또 내가 올해 안에 올리고 싶은 매출이 있다면 "나는 올해 ○○○○의 매출을 올렸다"라고 적는다.

그리고 10가지 목표 중에서 눈에 띄거나 꼭 이루고 싶은 목표 한 가지는 바로 옆의 비어 있는 공간 맨 위에 크게 적는다. 다음에는 그 밑에 목표를 이루기 위해서 내가 무엇을 어떻게 해야 하는지 실행항목을 20가지로 쪼개본다. 즉, 목표를 이루기 위한 전략을 적는다. 그리고 가능한 한 더 잘게 쪼개본다. 이 목록 중에서 가장 쉬운 것부터 당장 실천해보자.

필자는 동기부여 강의를 하는 중에 열정을 불어넣기 위해 뜨겁게 출발할 것을 당부한다. 누구나 시작은 뜨겁다. 그러나 그런 열정은 곧 식게 마련이다. 식어가는 열정에 다시 불을 붙이기 위해서는 중간 연료가 필요하며, 연료 주입은 목표를 수치화 할 때 가능하다.

중도에 포기하지 않으려면 목표를 잘게 나눠 차근차근 목표치를 올리는 것이 좋다. 처음에는 천천히, 조금씩, 꾸준히 한다. 그러다 보면 점점 더 빨라져서 자연히 뜨거워진다. 빨리 달궈진 쇠가 빨리 식지 않는가.

12kg 다이어트,
세상에서 가장 쉬운 방법

당신의 살, 안녕하십니까? 만약 12kg의 다이어트를 식은 죽 먹기라고 한다면 아마도 누구든 무슨 헛소리냐며 인상을 구길 것이다. 더구나 물만 먹어도 살이 찐다는 사람들이 들으면 기가 찰 노릇이다. 지금껏 다이어트 하느라 버린 돈만 해도 집 한 채 값은 될 거라고 투덜거리는 사람이 어찌 내 아내뿐이겠는가.

목표는 잘게 쪼갤수록 이루기 쉽다

단기간에 12kg을 감량하기도 어렵거니와 설령 감량했

더라도 요요현상이 올 확률이 높다. 우리 주변에서 흔히 볼 수 있는 경우다. 어쩌면 당연한 결과다. 단기간에 살을 뺐다는 것은 식사량을 평소보다 현저히 줄였거나 운동량을 크게 늘렸다는 것인데, 평생 그렇게 하기는 현실적으로 어렵다. 하지만 나는 쉽다고, 그리고 누구나 할 수 있다고 자신 있게 말한다. 그 이유는 이렇다.

먼저 질문을 하겠다. 여러분은 3개월에 1kg을 감량할 수 있는가? 아마 대부분은 "그까짓 거 너무 쉬운 거 아냐?"라며 코웃음을 칠 것이다. 1kg쯤은 1개월 만에 어렵잖게 감량할 수 있다는 사람도 적잖을 것이다. 아무튼, 3개월에 1kg 감량쯤은 누구나 할 수 있는 손쉬운 목표일뿐더러 누군가는 목표라고 말하기도 민망해할지 모른다.

그런데 핵심은 바로 여기에 있다. 그렇게 3개월마다 1kg씩만 감량하면, 3년 후에는 12kg 감량이라는 엄청난 목표를 이루게 된다. 인생 100세 시대에 3년은 그리 긴 세월이 아니다. 우리는 너무 빨리 많은 것을 이루려고 한다. 그래서 무리가 따른다.

우리는 목표를 설정할 때 단기간에 성과를 내려고 욕심을 부린다. 새해가 되면 거창한 목표를 세우고 결국에는 시작도 못 해보거나 중간에 지쳐서 포기하고 만다. 하지만 거대한 목표를 잘게 쪼개서 실행하면 생각보다 쉽게 달성할 수 있다. 막연히 뜬구름 잡듯이 목표를 세우는 게 아니라 측정할 수 있도록 수치화하고 나누면 한층 손쉽게 목표를 달성할 수 있을 것이다. 경영학의 아버지로 불리는 피터 드러커Peter Drucker는 "측정할 수 없다면 개선할 수 없다"라고 했다.

성공 경험을 쌓고 새로운 습관을 들이는 방법

나는 스포츠센터에서 퍼스널 트레이너로 근무한 적이 있다. 운동으로 다이어트를 할 수 있도록 사람들을 코칭했는데, 그때 성공과 실패를 숱하게 경험했다. 그러면서 다이어트는 단기간에 할 것이 아니고 평생토록 해야 한다는 것을 깨달았다.

나 역시 프로필 촬영을 하기 위해 단기간에 다이어트를 하려고 냄새나는 닭가슴살을 매일 아침저녁으로 먹은 적이 있다. 프로필 촬영이라는 목표를 가지고 독하게 마음먹고 고통스러운 시간을 보냈지만 결국 닭가슴살 먹기가

고역스러워서 포기하고 말았다.

우리의 의지력은 생각보다 강하지 않다. 그러기에 무리한 욕심을 부리거나 단기간에 성과를 내려고 하면 지쳐서 중간에 포기하기 쉽다. 그러므로 먼저 목표를 잘게 쪼개 실천하는 것으로 성취의 기쁨을 누리면서 자신감을 북돋아야 한다. 다이어트도 공부처럼 평생 해야 한다. 일정 기간만 해서 될 게 아니므로 길게 봐야 한다.

운동도 단기간에 좋은 습관을 만들기는 생각보다 쉽지 않은데, 좋은 습관을 들이려면 새로운 습관을 기존의 습관에 덧씌우는 게 좋다. 예를 들면 양치질이라는 기존의 습관에 새로운 습관인 스쾃squat(앉았다 일어났다 하는 하체 운동 방법)을 덧붙이는 것이다. 그러니까 양치질을 하면서 동시에 스쾃을 반복한다.

양치질은 한 번 할 때 3분 정도 하므로 하루 세 번이면 하루에 10분 정도 스쾃을 하는 셈이다. 생각보다 힘든 운동이라서 처음에는 3분을 채우기 어렵겠지만 매일 조금씩 늘리면 머잖아 3분을 거뜬히 채울 수 있다. 그러면 3분에 60~90개는 할 수 있으니, 10분이면 200~300개를 할 수 있다.

이 정도만 해도 운동량은 상당하다. 게다가 따로 시간을 낼 필요도 없다. 더구나 양치질은 하루 세 번 어차피 하는 것이니 운동을 빼먹을 일도 없다. 나는 이처럼 양치질이라는 기존의 습관에 운동이라는 새로운 습관을 접목하여 나이 50이 넘도록 남들이 부러워하는 몸매를 유지하고 있다.

다이어트, 아는 만큼 성공한다

트레이너들은 대부분 몸이 좋다. 다른 사람의 몸을 건강하게 만들려면 본인의 몸이 건강해야 신뢰를 줄 수 있기 때문이다. 그래서 잘나가는 트레이너는 자기 관리가 철저하고 공부도 많이 한다.

901플래너 뒤편에는 '독서 노트' 난이 있는데, 이것을 잘 활용하면 다이어트가 저절로 쉬워진다. 독서의 중요성이야 굳이 말할 나위도 없지만 다이어트를 할 때 관련된 책을 읽으면서 하면 더 효과적으로 할 수 있다.

전에 한국플래너협회 회원들과 함께 다이어트 동아리를 꾸린 적이 있었다. 그때 다이어트와 건강에 관련된 책을 읽으면서 90일 동안 운동을 병행했다. 그 결과 독서를 하지 않고 운동만 했을 때와는 큰 차이가 있었다. 독서를 하면 그동안 무심코 먹었던 모든 음식들이 내 몸에 어떤 영향을 끼치는지, 운동은 어떻게 해야 하는지 등의 필요한 정보를 체계적으로 알 수 있기 때문이다.

식단을 조절하지 않으면 다이어트는 성공하기 힘들다. 내가 먹는 음식이 결국 내가 되기 때문에 잘 가려 먹는 것이 중요하다. 독서 노트에 책을 통해 얻은 건강 지식을 기록해놓고, 내 것으로 만들어 사용하면 다이어트 성공에 한 걸음 더 가까워질 수 있다.

적는 것만으로 이루는 901플래너의 기적

2009년, 미국 국립보건원은 비만자 1,600명을 대상으로 하나의 실험을 했다. 실험 참가자들에게 일주일에 하루만이라도 자신이 먹은 것을 빠짐없이 기록하도록 했다. 처음에는 힘들어했지만 이내 대부분의 참가자가 자신이 섭취한 음식 목록을 적기 시작했다. 그 결과 6개월이 지난 후 목록을 기록한 그룹과 그렇지 않은 그룹은 체중 감량에서 2배나 확연히 차이가 났다.

자기가 먹은 것을 그저 적기만 했을 뿐인데 커다란 변화가 생긴 것이다. 적기 전에는 자신이 얼마나 많이 먹는지 실감하지 못했는데, 적고 나서 살펴보니 적나라하게 한눈에 볼 수 있어 다이어트 의지를 불태울 수 있었다.

점심 먹고 무심코 마신 캐러멜 마키아토, 회의 때 먹었던 초코파이와 음료수, 친구와 수다 떨며 먹은 치킨에 맥주 등. 뼈를 뺀 치킨 4조각은 열량이 999cal로, 이는 두 시간이 넘도록 달려야 소비할 수 있다. 3일 전에 먹은 음식을 나열해보라고 하면 대부분은 잘 기억하지 못한다. 적지 않으면 내가 언제 어떤 음식을 얼마나 먹었는지도 모른다. 하지만 적다 보면 어떤 음식의 열량이 얼마나 되는지 알 수 있을 뿐만 아니라 과일과 채소 같은 섬유질이 풍부한 음식을 적정량으로 섭취했는지도 알 수 있다. 이렇게 적어보는 것만으로도 나의 문제점을 스스로 파악하게 되고, 그에 따른 대책을 세워서 실천할 수 있다.

비단 다이어트뿐만 아니라 여러분이 이루고자 하는 목표가 있다면 마찬가지로 이런 방식을 적용하면 쉽게 달성할 수 있다.

901플래너의 장점은 하나의 시스템으로 연간 목표를 달성할 수 있도록 해준다는 것이다. 내가 계획한 연간 목표를 90일 단위로 나눈다. 그를 다시 한 달로 나누고 또 하루로 쪼개서 이룰 수 있게 도와준다. 혼자 하면 힘들지만, 시스템이 있으므로 훨씬 수월하다. 90일 동안 해본 다음 다시 수정하거나 보완할 수 있는 것도 좋은 점이다. 계획을 세우고 실천하다 보면 처음 세운 계획이 터무니없이 큰지 아니면 목표라고 하기에는 시시하리만큼 너무 작은지를 알 수 있다. 이때 중간점검을 통해 수정하거나 보완하면 달성할 확률이 훨씬 더 높아진다. 1년이 아닌 90일을 통해 나의 목표를 설정하고 달성하는 것이다.

많은 분들이 901플래너로 건강도 챙기고 인생 목표도 이루길 응원한다.

소중한 것을
먼저 해야 하는 까닭

하루 24시간, 누구에게나 똑같이 주어지는 시간이다. 우리는 이 한정된 시간을 어떻게 잘 활용할 것인가? 인생이 걸린 중요한 문제다. 그래서 고금의 사상가는 물론이고 현대의 많은 인생 코치들도 시간 활용에 관한 금과옥조(金科玉條)를 남긴 것 같다.

코비의 시간 사용법

스티븐 코비Stephen Covey 박사는 장기간에 걸쳐 효율적인 시간 관리로 훌륭한 성과를 발휘하고 있는 사람들의 이야기를 담은 《성공하는 사람들의 7가지 습관》(김영사, 1994)에서 "소중한 것을 먼저 하라"라는 메시지를 주었다. 왜 그래야 하는지는 다음의 시간 관리 매트릭스로 확인할 수 있다.

스티븐 코비 박사가 말한 '7가지 습관'은 다음과 같다.

습관 1: 자신의 삶을 주도하라.

습관 2: 끝을 생각하며 시작하라.

습관 3: 소중한 것을 먼저 하라.

습관 4: 원-원을 생각하라.

습관 5: 먼저 이해하고 다음에 이해시켜라.

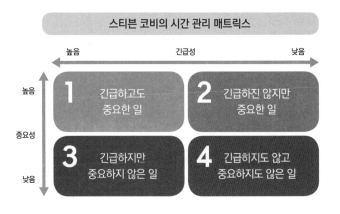

스티븐 코비의 시간 관리 매트릭스

습관 6: 시너지를 내라.

습관 7: 끊임없이 쇄신하라.

긴급도와 중요도에 따라 4개 영역으로 구분한다. 특히 제2영역은 '효과적인 자기 관리의 심장부'에 해당한다. 우리는 대개 급한 일에 즉시 반응하고 먼저 실행한다. 하지만 급하지는 않아도 중요한 일은 더 큰 자발성과 주도성을 요구한다. 만약 우리가 제2영역의 일을 미뤄둔다면 주어진 시간을 대부분 급한 일을 처리하는 데 사용할 것이다. 반면에 제2영역의 일을 충실히 실행한다면 제3영역이나 제4영역의 일을 행할 시간이 자연히 줄어든다. 그리고 제1영역에 할애되는 시간도 점차 줄어듦에 따라 제2영역에 할애되는 시간이 점증하면서 효과적인 시간 관리의 선순환이 형성된다.

코비의 실험, 맨 먼저 할 일은 무엇인가

코비 박사는 강연 중에 '소중한 것 먼저 하기'의 중요성을 손쉬운 실험을 통해 보여준다. 그릇에 먼저 모래를 넣고 그 위에 자갈을 넣은 상태에서 청중에게 큰 돌들을 넣도록 한다. 그러나 아무리 욱여넣으려 해도 공간에 큰 돌들을 다 담지 못한다. 그러자 이번에는 순서를 바꾼다. 큰 돌들을 먼저 넣은 다음 자갈을 넣고 끝으로 모래를 넣도록 한다. 그러자 큰 돌들 사이로 자갈이 모두 들어가고, 또 모래는 자갈 사이로 모두 들어가 공간이 남는다.

공간을 어떻게 가장 효율적으로 사용하는지 보여주는 이 실험은 시간을 가장 효율적으로 사용하는 데도 적용된다. 가장 중요한 일을 먼저 하는 것이다.

우리가 실생활에서 쉽게 적용할 수 있는 방법은 매일 할 일의 목록을 기록하고 일의 중요도를 판단하여 A(필수적인 것), B(중요도가 중간 이상인 것), C(선택적인 것, 중요도가 낮은 것)로 구분한다. 그리고 A 중 가장 먼저 할 것은 A1, 다음은 A2, A3… 순서로 표시한다. B와 C도 같이 적용한다. 일의 중요도와 순서를 기록한 다음 중요도가 높고 순서가 빠른 일부터 처리해나가면 된다. 도중에 자투리 시간이 생기면 큰 돌 사이에 작은 돌을 넣듯이 B와 C의 일 중에 선택하여 처리하는 것도 시간 사용의 효율을 높일 수 있다. 이렇게 일을 하다 보면 중요한 일부터 처리하게 되고 성과도 높아진다. 당연히 하루에 해낼 수 있는 일의 양도 늘어난다.

하나씩 일을 마친 후 점검할 때면 성취의 기쁨을 느낀다. 그것만으로 끝나지 않고 연속해서 성공하는 경험을 할 수 있다. 이것은 자신감을 키워주고 삶에 긍정적 영향을 끼친다. 나는 10년 이상 플래너를 써오면서 중요도에 따라 우선순위를 정하고 실행한 다음 점검하는 순간에는 형언할 수 없을 만큼 벅참과 짜릿함을 느낄 수 있었다.

온종일 분주하게 많은 일을 했으나 중요한 일에는 손도 대지 못했을 때 그날 하루가 절망스러웠던 시절이 있었다. 나만 업무가 과중한 듯하여, 그때의 상황과 조직 탓만 하며 스트레스를 받기도 했다. 그러다가 10여 년 전부터 플래너에 매일 그날 할 일을 기록한 후 중요도와 우선순위를 결정한 다음 최선을 다해 실행해왔다. 덕분에 매 순간 하나의 일에 몰입하며 성과를 높일 수 있었다. 이제는 그 경험이 참으로 다행스럽고 고맙다. 되돌아보면 일이 많아서 힘들었다기보다는 실행 순서를 제대로 정렬하지 못해서 힘들었던 것이다.

2장

자기 설득의 열쇠는 감사와 비전이다

가장 축복받는 사람이 되려면 가장 감사하는 사람이 되어라.

_캘빈 쿨리지

행복은 일하는 목적에
달려 있다

"꿈이 뭐예요?"

이렇게 물어보면 대개들 "글쎄요…" 하고 머리를 긁적이거나 "아, 잠깐만요" 하며 선뜻 시원한 대답을 내놓지 못한다. 어떤 사람은 이렇게 한탄하기도 한다. "어휴~ 먹고살려다 보니 정신이 없어서 꿈이 뭔지도 까맣게 잊어먹고 살았네요."

꿈과 비전

"홍성희 씨 꿈은 뭐예요?"

필자 역시 901플래너 첫 강의를 들을 때 이런 질문을 받았지만 선뜻 대답하지 못했다. "꿈과 비전의 차이는 무엇일까요?"라는 질문에도 모호하게 얼버무렸던 기억이 새롭다. 그래서 먼저 꿈과 비전에 관해 얘기해보려고 한다. 영어의 의미로 보면 의외로 구분이 간단하다. 꿈은 'DREAM'이요, 비전은 말 그대로 'VISION'이다. 꿈은 잠잘 때 꾸는 그것처럼 막연한 미래를 동경하는 바람이라면, 비전은 그 꿈을 '눈 뜨고 생생하게 보는 것'처럼 머릿속에 그린 미래의 모습이다. 막연해서 흐릿하던 꿈이 구체성을 띠고 눈에 보이듯 선명해지면 비전이 되는 것이다.

그러므로 꿈은 단순히 가슴에 품고 있는 것으로 그쳐서는 의미가 없다. 꿈은 이루기 위해 꾸는 것이다. 꿈을 이루기 위해 맨 먼저 해야 할 일은 비전을 세우는 것이다. 그리고 그 비전은 건물의 설계도처럼 치밀하게 잘 짜여야 명확하게 드러난다.

여성 경영인으로 이름을 날린 티나 산티 플래허티^{Tina Santi Flaherty}가 재키(재클린 케네디 오나시스의 애칭. 존 F. 케네디 대통령의 부인으로 나중에 선박왕 오나시스와 재혼했다)의 모든 것을 다룬 《워너비 재키^{What Jackie Taught Us}》(웅진윙스, 2009)에

'성공의 시작과 끝'에 관한 대목이 나온다.

어디로든 가고 싶으면 먼저 자신이 어디로 가고 싶은지, 그것부터 알아야 한다. 인생에서 바라는 걸 이루고 싶으면 자신의 소신을 먼저 파악해야 한다는 뜻이다. 언뜻 듣기에는 간단한 일 같지만, 성공은 내가 누구이고 어떤 생각을 하는 사람인지 아는 데서 시작하고 끝난다.

비전도 마찬가지다. 자신이 어떤 꿈을 꿔야 할지, 인생에서 바라는 것이 무엇인지, 내가 생각하는 진정한 가치는 무엇인지를 아는 것에서부터 시작한다.

901플래너의 속표지를 넘기면 왼쪽 면에 이런 문장이 쓰여 있다.

우리가 가지는 비전은, 하나의 문장으로 표현하기 어려운 다양한 철학을 담고 있습니다. **목적, 가치, 미래**라는 3가지 영역에서 정의하면 우리의 비전을 생각보다 쉽게 수립할 수 있다는 것을 발견했습니다. 일하다 보면 흔들릴 때가 있습니다. 그럴 때마다 본인이 적어놓은 기록을 읽고 생각해보면 초심으로 돌아가서 목표 달성을 위해 정진하는 데 도움이 됩니다.

자, 그렇다면 이제 우리의 비전을 디자인해보자. 멋진 건축물도 그 기초는 설계도면을 그리는 것에서부터 시작된다. 설레지 않는가?

비전을 세우는 것은 성공을 향한 첫걸음이다. 그러기 위해서는 위에서 언급한 목적, 가치, 미래 중 첫 번째 항목인 내가 일하는 목적부터 찾아보자. 나는 왜 일을 하는가? 경제적인 자유를 위해서, 우리 가족을 위해서, 나의 성공을 위해서, 행복하게 살기 위해서 등등 다양한 답이 나올 것이다.

필자가 남편에게 왜 일을 하느냐고 물었더니 어색한 웃음을 띠며 떠듬거린다.

"… 우리 딸 학원비도 내고. 음… 치아교정비도 벌어야 겠네. 아내랑 여행도 가고…."

그렇다. 어쩌면 이게 가장 현실적인 답일지도 모른다. 하지만 기왕이면 더 멋지게 내 인생의 목적을 적어보면 어떨까? 어차피 한 번 사는 인생이라면 멋진 연극의 주인공처럼 일하는 목적도 더 근사하게 적어보자. 시인 조병화는 "인생은 자기가 남는 일을 해야 기쁨이 있다. 자기가 자기를 살아가는 사람은 아름답다"라고 했다. 또 같은 맥락으로 철학자 안병욱은 "삶의 목적은 자아 실현에 있다"라고 했다.

목적을 적은 칸이 2개인 이유

901플래너의 '내가 일을 하는 목적'을 적는 칸은 한 칸으로 끝나지 않는다. 1, 2 두 칸으로 되어 있다. 2번 칸에는 무엇을 적는 걸까?

현재 99세의 고령에도 불구하고 지금껏 사람들에게 행

<table>
<tr><td colspan="3">🧑 비전 찾기 & 연간목표 My Vision v.10   2019 년 1 월</td></tr>
<tr><td colspan="3">비전 찾기</td></tr>
<tr><td colspan="3">내가 일을 하는 목적</td></tr>
<tr><td>1</td><td colspan="2">돈을 벌어서 경제적 자유를 얻기 위해</td></tr>
<tr><td>2</td><td colspan="2">양질의 교육서비스 제공, 국민의 지식 및 교양 수준을 높인다</td></tr>
<tr><td colspan="3">내가 일할 때의 가치 기준</td></tr>
<tr><td>1</td><td colspan="2"></td></tr>
</table>

복 강연을 해오고 있는 철학자 김형석은 "일을 단순히 돈벌이 수단이 아니라 인생의 목적으로 생각해야 행복하다"라고 말한다. 자기가 하는 일이 그저 자신의 행복만이 아니라 다른 사람들까지도 행복하게 했을 때라야 진정으로 행복한 일이 될 것이라는 말이다. 상생(相生)하라는 뜻일 것이다.

19세기의 서정 시인이자 '미국 현대 시의 어머니'로 불리는 에밀리 디킨슨Emily Dickinson의 시 〈내가 만일 한 마음의 상처를 멈추게 할 수 있다면〉에서도 그 답을 찾을 수 있다.

내가 만일 한 마음의 상처를 멈추게 할 수 있다면
나의 삶은 헛되지 않을 것이다.
내가 만일 한 생명의 고통을 덜게 할 수 있다면
혹시 그 오뇌를 식힐 수가 있다면
또는 내가 숨져 가는 한 마리의 물새를
그 보금자리에 다시 살게 한다면
나의 삶은 절대 헛되지 않을 것이다.

자기 일을 사랑하는 사람은 행복하고 건강하다. 많은

사람이 성공을 위해 자기 일에 매진하고 있다. 그런데 가끔 이런 생각이 들지도 모른다. '이상하다. 나는 잠도 못 자고 열심히 일하는데, 왜 그만큼 행복하지 않을까?' 그 이유는 의외로 간단할지 모른다. 오로지 돈을 위해, 나만의 영화를 위해 일하기 때문은 아닐까?

자, 이제 직접 빈칸을 채워보자. 일하는 목적이 무엇인가? 진정한 삶의 의미를 위해 그리고 진정한 행복을 위해. 1번에는 나를 위한 목적, 2번에는 이웃을 위한 목적을 써보자.

그대 눈동자에
비전이 있다

―――――― "모든 책상에 컴퓨터가 놓이도록 하겠습니다!"

1975년, 빌 게이츠가 폴 앨런^{Paul Allen}과 마이크로소프트 사를 창립하면서 던진 공언(公言)이다. 이 말은 누구나 한 번만 들으면 바로 눈앞에 그림이 그려질 정도로 명료한 비전이다.

꿈을 시각화한 비전에 답이 있다

당시에는 개인이 지금과 같은 PC(개인용 컴퓨터)를 갖는다는 것은 꿈도 꾸지 못했다. 우선은 워낙 비싸서 개인은 살 엄두조차 낼 수 없었다. 게다가 설령 공짜로 생긴다고 해도 부피가 너무 커서 도저히 책상에 두고 쓸 수가 없었다. 그래서 다들 빌 게이츠의 공언을 비웃었다. 하지만 빌 게이츠는 모든 비웃음을 뒤로하고 자신의 공언을 멋지게 실현했다. 덕분에 필자나 여러분은 지금 책상 앞에 앉아 컴퓨터로 많은 것을 할 수 있게 되었다.

백화점 화장품 판매장에서 늘 좋은 위치에 자리 잡은 브랜드 하면 가장 먼저 떠오르는 것이 에스티 로더다. 이 화장품의 창립자 에스티 로더Estee Lauder 역시 생생한 청사진의 힘을 빌려 그녀의 꿈을 이루었다. 집안 형편이 어려웠던 에스티 로더는 동네 미용실에서 화장품을 팔면서 최고의 화장품 회사를 꿈꾸었다.

그녀는 성공한 사람들이 했던 것처럼 머릿속으로 자신의 회사 제품이 대형 백화점에서 판매되는 모습을 생생하게 그렸다. 그렇게 상상의 이미지, 즉 청사진을 통한 자기 주문을 수천 번이고 되풀이했다. 그러자 수년 후, 놀랍게도 상상은 현실이 되었다. 그녀는 백화점 입섬을 시도할 때마다 그렇게 청사진을 그렸다. 그녀의 자서전에는 청사진의 힘에 관해 이렇게 쓰여 있다.

"당신의 꿈을 시각화하라. 만일 당신이 마음의 눈으로 이미 성공한 회사, 이미 성사된 거래, 이미 달성된 이윤, 그리고 직원들과 다 같이 기뻐하는 모습을 볼 수 있다면, 실제로 그런 일들이 일어날 가능성이 커진다. 이미 성공한 모습을 마음속으로 생생하게 그리는 습관을 지녀라. 이 습관은 당신이 목표하는 일들을 이룰 수 있게 하는 가장 큰 힘이다."

성공한 사람의 이미지를 가슴에 품어라

여기에 감정까지 실어서 그림을 그린다면, 목표를 이룰 가능성은 훨씬 더 커진다. 기쁨, 환호, 보람, 즐거움, 편안함, 행복한 감정이 포함된 이미지는 더욱 그 꿈이 생생해진다. 그리고 목표에 대한 열정을 불러 일의 집중도를 높인다. 그뿐만 아니라 일을 하면서 어려운 문제에 부딪힐 때도 긍정적으로 더 쉽게 풀어나갈 수 있도록 도와준다.

축구선수 손흥민은 자신의 롤 모델인 크리스티아누 호날두Cristiano Ronaldo의 영상을 보면서 자신의 꿈을 시각화했다. 그는 호날두의 움직임 하나하나를 자신의 것으로 각인시키면서 호날두의 움직임과 자신의 움직임을 일치시켰다. 그리고 그 상상 속의 경기장에서 관중의 응원 소리를 들으며 멋지게 달리는 자신의 모습을 그렸다. 또 땀 냄새와 숨소리까지 떠올렸다. 그리고 힘차게 골을 넣는 순간, 관중이 소리 높여 자신의 이름을 부르는 환호성을 상상했다. 손흥민 역시 이런 시각화를 통해 경기에 대한 부담감은 줄이면서 자신감을 키웠다.

이것이 정말로 가능한 일일까? 과학자들은 우리의 뇌가 현실과 상상 속의 일을 정확하게 구분하지 못한다는 점을 수많은 연구를 통해 밝혀냈다. 실제로 필자도 쇼호스트 지망생들에게 상품 프레젠테이션 수업을 하면서 종종 이런 경험을 한다.

어느 날, 식품에 관한 방송 수업을 할 때의 일이다. 오렌지를 어떤 식으로 표현하는 게 좋은지 알려주어야 하는데, 교실에 오렌지가 없었다. 그래서 마치 오렌지가 있는 것처럼 손 모양으로 오렌지 형태를 만들고 하나하나 껍질을 까는 시늉을 하면서 이렇게 얘기했다.

"여러분, 보세요. … 어쩜 껍질을 까는 이 순간에도 와

우, 향기가 너무 좋아요. 이 상큼한 향, 맡기만 해도 피로가 확 풀리는 느낌이에요. 자, 그럼 이번에 제가 오렌지 속도 보여드릴게요. 반 잘라서… 어머나, 이 오렌지, 톡톡 터지는 알갱이 보이세요? 어쩜 제가 한번 손으로 짜봤더니, 이 과즙 좀 보세요. 와, 콸콸 흐르네요. 세상에 진짜 천연 오렌지 주스예요. 지금 제가 계속 말을 해서 목이 마르니 맛을 안 볼 수가 없네요.”

그러고는 한 입 베어 무는 시늉과 함께 “입안에서는 새콤한 신맛과 달콤한 맛이…” 하고는 눈을 살짝 찡그리면서 지그시 감았다. 그 순간 나도 꿀꺽, 학생들도 다 같이 꿀꺽 침을 삼켰다. 학생들은 더 참지 못하겠다는 듯이 소리친다. “선생님, 진짜 먹고 싶어요!”

쇼호스트 지망생들에게 그림을 그리듯이 말하라는 얘기를 제일 많이 한다. 마치 상품이 지금 내 앞에 있는 것처럼. 그리고 저마다의 경험을 머릿속에 각인시켜서 생생하게 표현해보라고 주문한다. 이렇게 생동감 있는 프레젠테이션을 할수록 보는 사람의 상품 몰입도를 높이고 공감대를 넓힌다. 그렇다. 우리의 뇌는 이렇게 현실과 상상을 구분하지 못할 때가 있다.

미래의 나는 그린 대로 된다

이제부터 우리의 뇌를 마음껏 이용해보자. 상상을 감정과 함께 섞어서 우리의 비전을 시각화해보자.

현재 쇼호스트로 활발히 활동하고 있는 한 후배는 쇼호스트가 되기 전부터 직업을 쇼호스트라고 새긴 명함을 가지고 다녔다. 또 한 학생은 '2년 후 ○○ 홈쇼핑 쇼호스트'라고 쓴 메모지를 거울 앞에 붙여놓고 매일같이 되뇌면서 열심히 노력한 끝에 실제로 2년 만에 목표를 이루었다.

여기서 알 수 있듯이 우리의 청사진을 자주 꺼내서 보는 것 역시 매우 중요하다. 인간은 망각의 동물이어서 자주 보지 않으면 그 느낌을 잊어버리기 때문이다. "몸이 멀어지면 마음도 멀어진다"라는 얘기가 있지 않은가. 맨 앞장에 적어놓은 목표와 청사진을 자주 보면서 성공했을 때의 행복감을 미리, 자주 느껴보자. 그럴수록 목표를 이룰 확률이 훨씬 높다.

지금 당신은 어떤 모습을 그리고 있는가?

사진을 통해 1년 후의 내 모습, 그리고 3년 후, 5년 후,

10년 후, 평생의 모습을 그려보자.

필자 역시 스위스에서 '901플래너' 강의를 마친 다음 함께한 사람들과 의미 있는 시간을 보내고, 그다음 날에는 알프스 설원에서 스키를 타고 내려와 아름다운 풍경과 푸른 하늘을 보며 향기로운 따뜻한 커피 한 잔을 마시는 모습을 상상한다. 내가 좋아하는 방송 활동, 종교 활동, 봉사 활동도 여전히 유지하면서 말이다.

생각만 해도 행복해진다. 행복한 성공은 멀리 있지 않다. 성공한 모습을 생생하게 그림으로 그려서 그 행복함을 미리 맛보자. 그 그림은 자주 꺼내볼수록 효험이 좋다.

한 기자가 '오마하의 현인' 워런 버핏Warren Buffett에게 성공 비결을 묻자, 그 역시 성공한 자기 모습을 늘 그려보았다고 한다.

"저는 어렸을 때부터 책을 가까이하며 훌륭한 위인들, 역경을 이겨내고 성공한 사람들의 이야기에 푹 빠져 살았습니다. 그들의 이야기를 읽으며 성공한 미래의 내 모습을 꾸준히 그려보았죠. 그리고 '나도 그렇게 될 것'이라고 스스로 믿었습니다. 또한, 주변에 성공한 사람들이 있으면 그들의 말투와 행동을 주의깊게 살펴보고 좋은 습관은 따라 하면서 내 것으로 만들려고 노력했어요."

우리도 각자가 원하는 성공한 모습을 901플래너에 적어두자. 플래너를 쓸 때마다 펼쳐보며 기분 좋게 상상하는 그대의 눈동자 속에 행복한 미래의 모습, 비전이 보인다.

인디언 기우제의
진실

━━━━━ "인디언이 기우제를 지내면 반드시 비가 내려. 왜? 비가 올 때까지 기우제를 지내기 때문이지."

이는 세간에 널리 알려진 이른바 '인디언 기우제'에 관한 이야기다. 비가 올 때까지 줄곧 기우제를 지내는데 비가 오지 않을 리 없다는 비아냥이 섞여 있다. 다른 한편으로 이 이야기는 "포기하지 않으면 반드시 이루어진다"라는 교훈을 준다.

그러나 이런 식의 '인디언 기우제'에 대한 인식은 잘못되었다. 왜냐하면, 어떤 인디언한테도 비가 올 때까지 기우제를 계속 지낸다는 얘기를 들어본 적이 없기 때문이다.

인디언 기도의 비밀

애리조나 주에 사는 나바호족을 수년 동안 관찰한 게리 위더스푼Gerry Witherspoon은 그들의 기우제를 네 번 관찰했는데, 모두 12시간 이내에 비가 왔다고 증언한다. 그 가운데 세 번은 몇 시간 동안만에 그쳤고, 한 번은 며칠간 계속 내렸다고 한다. 이런 현상은 이웃의 호피족이나 다른 인디언 부족에게도 일어났다.

이처럼 비를 내리게 하는 원인은 무엇일까? 그들은 어떻게 기도를 하기에 비가 쏟아지게 만드는 것일까?

마침내 인디언 기도의 실체가 밝혀졌다. 그레그 브래든 Gregg Braden은 《이사야 효과The Isaiah Effect》에서 '데이비드 기도'로 알려진 실화를 소개하고 있다.

100년 만에 최악의 가뭄이 미국 서남부에 찾아왔다. 나는 부족의 '신성한 원medicine wheel(둥글게 돌을 놓아 만든 원)'이 있는 곳으로 인디언 친구 데이비드와 함께 갔다. 산 정상에 있는 신신한 장소에 도착하자 그는 신발을 벗었다. 그 태도가 얼마나 엄숙한지 그 자체가 기도로 보였다. 맨발로 대지

위에 선 그는 등을 돌려 신성한 원의 주변으로 걸어가 아무 말 없이 돌았다. 돌 하나하나에 존경을 표하면서 도는 그의 발은 돌들로부터 3센티미터 이상 떨어지지 않았다. 놀랍게도 내 쪽을 향해 얼굴을 돌리고 있는 그의 눈은 굳게 감겨 있었다. 그는 시종일관 눈을 감고 돈 것이다. 그런데도 그는 각각의 돌 옆에 발을 정확하게 디뎠다. 신성한 원을 다 돌자 걸음을 멈추고 똑바로 선 그는 양손을 얼굴 앞으로 모은 뒤 기도했다. 그렇게 잠시 기도를 하던 그는 마침내 깊은숨을 내쉬며 자세를 풀고 내게로 다가오며 말했다.

"이제 다 끝났네."

놀라서 내가 그에게 물었다.

"벌써요? 비를 내려달라는 기도를 하러 오지 않았습니까?"

그는 신발을 신고 앉으며 말했다.

"아니, 나는 '비가 내리는' 기도를 하러 온 거야. 만일 내가 비를 내려달라는 기도를 하러 왔다면 비는 절대 오지 않을 것이네."

얼마 후 놀랍게도 구름 한 점 없던 하늘에 점점 먹구름이 끼기 시작하더니 갑자기 비가 쏟아지기 시작했다. 비는 순식간에 굵어졌고, 이내 천둥 번개가 쳤다. 비는 억수로 퍼부었다. 홍수가 걱정될 정도였다. 내가 골짜기를 빠져나올 즈음 멀리 골짜기 사이로 펼쳐진 거대한 들판이 호수로 변했다. 그날 저녁 TV 방송의 날씨 특보는 서남부 일대에 내리는 장대비 소식을 전하고 있었다.

나는 다음날 데이비드에게 물었다.

"도대체 어떻게 된 거예요, 온통 물난리잖아요?"

한동안 침묵하던 데이비드가 말했다.

"나는 비가 내리는 기도를 했을 뿐, 이렇게 비가 많이 오는 것까지는 어떻게 해볼 도리가 없어."

그렇다면 이렇게 오랜 가뭄을 끝내고 비가 오도록 만든 인디언 기도의 진실은 무엇일까? 데이비드가 친구에게 한 말이다.

"내가 어렸을 때 어르신들이 기도의 비밀을 알려줬네. 비밀은 바로 이런 거야. 우리와 이 세계의 힘을 이어주는 다리는 바로 우리의 가슴이네. 우리의 감정과 우리의 생각이 결혼하는 것은 바로 여기, 우리의 가슴이란 말이시. 기도하면서 나는 현재의 모든 것에, 그리고 과거에 일어났던 모든 것에 감사드렸네. 나는 황무지의 바람에도, 대지의 뜨거운 열기에도, 심지어 가뭄에도. 그런 다음 나는 새로운 메디슨, 비가 내리는 메디슨을 선택했지. 나는 눈을 감고 신성한 돌 둘레를 돌며 비가 온다고 생각하기 시작했네. 그리고 곧 비가 내 몸을 촉촉이 적시는 것을 느끼기 시작했지. 단순히 그렇게 상상한 것이 아니라 깊은 몰입과 집중 속에서 실제로 그렇게 느낀 것이네. 그때 나는 비를 맞으며 마을의 큰 광장에 맨발로 서 있었던 것 같네. 비에 젖은 땅이 내 발가락 사이로 스며드는 것을 느낄 수 있었지. 그리고 태풍 속에서 우리 마을의 집 흙벽과 지붕을 덮은 이엉에서 나는 그 비릿한 냄새를 맡을 수 있었네. 나는 마을에서 나와 비를 맞으며 가슴께까지 자란 옥수수밭 사이를 걸어갔네. 그 황홀하고 짜릿한 느낌은 뭐라 표현할 수가 없었지."

눈을 감고서 그 모든 것을 느끼는 것, 그것이 바로 인디언의 기도 방식이다. 뭔가를 원한다면 먼저 그것을 온몸의 감각으로 느껴야 하는 것, 그래서 실제로 그것이 이루어졌을 때처럼 눈으로 보고, 귀로 듣고, 냄새를 맡고, 피부로 느껴야 한다. 그때 기도는 비로소 힘을 발휘하게 된다. 데

이비드의 말처럼, 기도는 머리로 하는 것이 아니라 온몸으로 하는 것이다. 그래서 기도하고자 하는 내용을 먼저 온몸으로 느껴야 한다. 앞으로 어떤 일이 일어나게 해달라고 하는 기도는 의미가 없으며, 그런 기도는 절대 이루어지지 않는다. 그것은 단지 바람일 뿐이다. 그 바람을 현실로 만들려면 먼저 온몸으로 느껴야 한다. 그리고 창조에 동참할 수 있게 허락해주신 신들께 감사드려야 한다.

간절히 원하면 이루어진다

데이비드가 말한 인디언 기도의 힘은 세 가지로 설명할 수 있다.

첫 번째는 긍정의 착각이다. 실제로 그 일이 일어난 것처럼 눈으로 보고 귀로 듣고 냄새를 맡고 느껴본다. 이것을 스포츠계에서는 '이미지 트레이닝'이라고 한다. 올림픽 결승에서 상대 선수를 통쾌하게 물리치고 금메달을 목에 거는 장면을 늘 상상했다는 금메달리스트의 인터뷰를 우리는 종종 들을 수 있다.

두 번째는 감사의 마음이다. 비가 오게 해달라는 기원

이 아니라 비가 온 것에 대한 감사하는 마음에 주목하자. 우리는 어떤 것을 원했을 때 그 바람이 이루어지지 않으면 실망하거나 원망하는데, 비가 오든 안 오든, 일이 잘 되든 안 되든 상관없이 미리 감사하자. 감사할 일이 있어서 감사하는 것이 아니라 감사하면 감사할 일이 생긴다.

세 번째는 당당함이다. 인디언 주술사는 기도할 때 결코 비굴해서는 안 되며, 당당해야 한다고 말한다. 다시 말해 기도는 사사로운 이익을 위한 것이어서는 안 된다고 한다. 가족과 이웃과 부족을 위하고, 어려운 이들을 위하고, 선함과 밝음을 위한 기도여야 한다는 것이다. 그때 신은 비로소 우리의 기도를 흔쾌히 들어준다고.

901플래너는 '비전 찾기'로 시작한다. 일하는 목적을 스스로 묻고 답하며 매일매일 자신의 꿈을 플래너에 반복해서 적는다. 그때마다 인디언의 기도에서 배우는 세 가지 원칙을 떠올린다. 이미 무언가를 이룬 나의 모습을 상상하며, 나의 목표를 주위에 당당하게 알림으로써 결심을 다잡는 계기로 삼는다.

쓰는 순간
이미 이루었다

사람들은 다양한 방법으로 꿈을 이룬다. 그 중 어떤 사람은 간절한 마음으로 매일 반복해서 자신의 꿈을 적음으로써 꿈을 이뤄나간다.

비전 보드로 이루어가는 나의 꿈

"나는 날마다 가슴이 두근거린다. 24시간 365일 가슴에서 '전진'을 의미하는 것 같은 '쿵' 하는 북소리가 들린다."

이렇게 날마다 설레는 가슴으로 꿈을 이룬 깅헌구 박사의 말이다. 그는 《가슴 뛰는 삶》(쌤앤파커스, 2008)에 '쿵' 하는 그 북소리를 담았다. 그는 꿈을 현실로, 비전을 위대한 성취로 만들어가며 전 세계에 비전스쿨을 세우고 "매일 매 순간 목표와 비전으로 가슴 뛰는 인생을 살아가는 법"을 전파한다.

강 박사는 자신이 이루고 싶은 비전을 매일 15번씩 쓴다. 집중해서 쓰다 보면 비전을 이루기 위한 아이디어가 술술 나온다고 한다. 그리고 그는 자신의 비전을 담은 문장을 '마법의 문장'으로 부른다. 그 마법의 문장으로 성취하는 삶을 살면서 그 마법을 주변에 전파하는 데 열정을 쏟는다.

필자는 꿈을 이루기 위해 두 가지 방법을 사용한다.

하나는 10년 동안 이루고 싶은 목표를 비전 보드로 만들어서 식탁 옆에 걸어두고 매일 바라본다. 우리 가족이 각자의 소망을 담아 만든 가족 비전 보드다. 2009년 5월에 태안의 신두리 해변으로 가족여행을 갔는데, 아내의 요청으로 가족 비전 보드를 만들게 되었다. 그리고 5년이 지났을 즈음 우리 가족은 그때 그렸던 꿈들이 대부분 성취되는 놀라운 경험을 하게 되었다. 그리고 첫 비전 보드를 만든 지 6년 후인 2015년 5월, 10년의 비전 보드를 다

2009년 5월 가족 비전 보드

2015년 5월 가족 비전 보드

시 그렸다. 이때 만든 가족 비전 보드가 지금은 벽에 걸려 있다. 우리 가족은 지금도 그 꿈들이 하나씩 이루어지는 체험을 하고 있다.

또 하나, 꿈을 이루는 방법은 좀 더 구체적으로 목표를 정하고 그 목표를 이루기 위해서 매일 기록하는 것이다. 매일 30번 이상 이루고 싶은 꿈을 간절한 마음을 담아서 적는다. 그 꿈이 이루어진 미래의 모습을 상상하면 미소가 지어진다. 오늘은 꿈을 이룬 미래의 내가 그 길을 걷고 있는 현재의 나를 보며 응원하는 기분을 느낀다. 지금의 내 상황이 녹록하지 않더라도 이미 이룬 나의 미래를 보고 있기에 용기를 얻고 에너지를 충전할 수 있다.

기록하면 비로소 보인다

"믿음은 바라는 것들의 실상이요, 보이지 않는 것들의 증거니.(Now faith is confidence in what we hope for and assurance about what we do not see.)"

내가 평소에 자주 되새기는 〈히브리서〉(11:1)에 나오는 말이다. 내가 원하는 것을 기록할 때 나의 마음을 온전히 신기 때문에 신이 그 간절함을 들어주는 것 같다. 내가 만나는 사람들은 다 내 꿈을 이루는 데 도움을 준다. 내게 직접 도움을 줄 때도 있고, 무심히 던진 말 한마디가 새로운 지혜를 이끌어내기도 하며, 앞으로 나아갈 수 있는 용기를 주기도 한다.

필자는 주로 기업과 공공기관을 대상으로 강의와 코칭 활동을 한다. 처음에는 강의나 코칭을 한 고객에게 다시 의뢰받는 것이 어려웠으므로 항상 마음이 조급했다. 열에 하나만 성사되어도 감사할 따름이었다. 나는 어떻게 하면 재요청을 받을 수 있을까, 치열하게 궁리했다. 가는 곳마다 나를 다시 찾아주어 그곳에서 계속해서 강의하거나 코칭하는 모습을 늘 머릿속에 그려보았다. 그런 상상으로 강의와 코칭을 하게 되니 더욱 열정적으로 변할 수 있었고 부쩍 자신감이 붙었으며 마음이 여유로워졌다.

그러자 고객들도 그런 나에게 신뢰를 느꼈는지 대부분은 다시 찾아주었다. 하지만 거기에서 만족하지 않는다. 탁월한 HR^{Human Resources}(인사) 전문가라는 퍼스널 브랜드를 가지고 고객과 한께 성장하며, HR 진문가로서 상의와 코칭을 펼치는 내 모습을 꿈꾼다.

바라는 것을 기록하고, 믿고 느껴라

강사들은 강의 종료 후에 대부분 교육생들로부터 강사 만족도를 평가받는데, 강사의 길을 처음 걸었을 때는 상당히 부담스러웠다.

한 과정을 분반하여 여러 명의 강사가 각각의 강의실에 들어가면, 교육을 마친 후 강사들끼리 모여서 이야기를 나눈다. 강사로서 교육 전반에 관한 내용을 되돌아보거나 교육생에 대한 자기 생각과 느낌, 또는 교육생의 역량과 태도에 대해서도 이야기한다.

어느 날 강의를 마치고 집으로 돌아오는 길에 문득, '아! 나도 교육생을 평가하고 있었구나' 하는 생각이 들었다. 강사만 평가를 받는 것이 아니라 상호간에 평가가 이루어진다는 것을 알아차리게 되었다.

그 후 강사는 단순히 강사만족도 몇 점을 더 받기 위해서가 아니라 교육생들의 성장을 돕는 존재라는 생각이 들었고, 교육생들에게 가치를 제공하는 탁월한 전문가가 되자고 결심했다. 그 이후로 매일 플래너에 '탁월한 HR 전문가, 차별화된 가치를 제공하며 성장을 돕는 인사 전문가로서의 포지셔닝'에 대해 기록하고 있다.

이제 교육생을 바라보는 나의 태도는 확연하게 달라졌다. 그들을 단순한 교육 대상이 아니라 감사해야 할 대상, 축복해야 할 대상으로 인식하게 되었기 때문이다. 그러니 강의든 코칭이든 최선을 다해 준비하는 것은 물론이고 강사인 나 역시 끊임없이 자기를 계발해야 한다는 마음을 갖게 되었다.

그들은 내게 최고의 고객이 되었고, 나는 이제 매번 최고의 교육생을 만나는 복을 누리고 있다. 그들의 열정을 끌어내어 성장시키면서 나 역시 매일 성장하고 있으며 꿈을 이뤄가고 있다.

방송 작가이자 프로듀서이며 《시크릿》(살림Biz, 2007)의 저자인 론다 번Rhonda Byrne은 그녀의 인생을 바꾼 소망을 이루는 법칙을 세 단계로 나눈다. '원하기, 믿기, 받기'가 그것이다.

제1단계: 구하라

진정으로 원하는 게 무엇인가? 앉아서 종이에 기록해보라. 당신은 원하는 것을 선택할 수 있지만, 그것이 무엇인지 분명하게 알아야 한다. 바로 그것이 당신이 할 일이다.

제2단계: 믿어라

소원이 이미 이뤄졌다고 믿어라. 나는 이걸 '흔들리지 않는 믿음'이라 부른다. 보이지 않는 것을 믿어라.

제3단계: 받아라

멋진 기분을 느껴라. 이미 받았을 때 느낄 감정을 느껴라. 지금 느껴라.

당신이 간절히 바라는 것이 있다면 론다 번이 말한 대로 그 소망을 기록해보자. 소망이 이루어지고 있다는 사실을 믿고, 멋진 기분을 느껴보자. 그러면 어느새 소망은 현실의 모습으로 당신의 발밑에 와 있을 것이다.

감사하는 마음이
곧 행복

"어떤 처지에서든지 항상 기뻐하고 감사하라."

그녀는 흙수저도 못 받은 '무수저(?)'로 태어나 인생 최악의 막장까지 겪고 나서 감사하는 마음으로 자기를 환히 밝혀 주위의 어둠까지 비추게 되었다.

감사하는 마음이 일으킨 기적

빈털터리 미혼모의 자식으로 태어나 할머니 품에서 자란 그녀는 9세 때 사촌오빠와 삼촌에게 성폭행을 당했다.

그녀는 아빠가 누군지도 모르는 아이를 임신하여 14세에 출산과 동시에 미혼모가 되었고, 아이는 태어난 지 2주 만에 죽었다. 그 충격에 가출한 그녀는 마약에 중독되었고, 지옥 같은 하루하루를 무기력하게 보내다 보니 어느 날 아무런 의욕도 없는 107kg의 뚱보가 되어 있었다.

그런 그녀가 세상에서 가장 눈부신 존재로 피어났다. 전 세계 1억 4,000만 시청자를 웃기고 울리는 토크쇼의 여왕으로, 영화배우로, 작가로, 미국인이 가장 존경하는 여성으로 우뚝 서게 되었다. 인기와 존경, 부와 명예를 모두 가진 사람이 되었다.

그녀가 바로 오프라 윈프리Oprah Winfrey다. 무엇이 그녀에게 진흙 구렁을 힘차게 뚫고 올라와 그처럼 찬란한 연꽃을 피우게 했을까. 원망을 일삼던 모든 것을 감사로 받아들인 순간 그녀의 인생이 달라지기 시작했다. 그 사소해 보이는 변화가 그녀의 인생을 송두리째 뒤흔들어서 바꿔 놓기 시작한 것이다. 그녀는 그 감사를 마음속에만 담아 두지 않고 하루도 거르지 않고 감사일지를 썼다. 하루에 무조건 적어도 다섯 가지의 감사할 일을 찾아 기록했다. 그러다 보니 하찮은 것까지 모두 감사한 생각이 들었다.

그녀는 오늘 거뜬하게 잠자리에서 일어날 수 있는 것만도 행복하고 감사했다. 유난히 눈부시고 파란 하늘을 볼 수 있는 것도, 점심때 맛있는 스파게티를 먹을 수 있는 것도, 얄미운 짓을 한 동료에게 화내지 않은 것도 감사했다. 좋은 책을 읽었는데 그 책을 써준 작가도, 먼저 출근하여 사무실을 따뜻하게 덥혀준 동료직원에게도 감사했다. 아무리 소소한 것들이라도, 아무리 작은 친절이라도 그녀는 진심으로 감사했다.

그녀는 감사일지를 통해 두 가지를 배웠다. 인생에서 소중한 것이 무엇인지 그리고 삶의 초점을 어디에 맞춰야 하는지를.

감사하는 습관이 오늘날의 그녀를 만든 에너지가 된 것이다. 게다가 자신이 받은 상처와 수치조차도 감사를 통해 내적 치유를 넘어 타인의 상처까지 어루만지게 하는 밑거름이 되었다. "주 안에서 기뻐하라. 그리하면 그분이 네 마음의 소망을 이루어주시니." 그녀가 힘들 때마다 주문처럼 외우는 성경 구절이다.

기쁨은 불평불만에서 나올 수 없다. 그 시작은 감사에서 출발한다. 최고의 달란트는 감사하는 능력이다. 그렇다면 그 능력은 일상에서 감사할 일들을 생각해보고 기록하는 습관에서 나오지 않을까?

901플래너의 5 감사와 저녁 점검

고맙게도 901플래너에는 5 감사를 기록하는 난이 있다. 이 점이 나에게는 매력적이었다.

예전에 딸을 캐나다로 1년간 유학 보낸 후 몹시 우울해한 적이 있었다. 그 우울증에서 벗어나느라 오프라 윈프리처럼 감사일지를 썼다. 그랬더니 거짓말처럼 우울증이 가셨다. 어려운 고비를 감사일지로 잘 넘겼는데, 1년 후에 딸이 유학을 마치고 귀국한 다음부터는 감사일지 쓰는 것을 흐지부지 놓고 말았다. 그 뒤로는 까맣게 잊고 살았는데, 요즘에 다시 감사일지 쓸 일을 만나다니….

901플래너의 5 감사 난은 비록 좁은 지면이지만 나의 하루를 평가하는 저녁 점검에 큰 영향을 미친다. 저녁 점검에는 나의 하루를 점수로 매기는 부분이 있다. 10점부터 100점까지 내가 스스로 평가해보는 것이다. 한 가지 놀라운 점은 901플래너를 처음 썼을 때보다 지금 더 높은 점수를 주는데, 그 이유는 바로 매일 5 감사를 쓰기 때문이다.

예전에는 그냥 지나쳤을 일들에 감사하게 되고, 감사하니 기쁘고, 기쁘니 삶의 만족도가 높아지고, 자연스럽게 내 하루를 평가할 때도 점수가 후해질 수밖에 없다. 그리고 오늘 하루도 내가 알차게 잘 살았구나, 하는 생각에 행복해진다. 그래서 나는 감히 901플래너가 단순한 플래너가 아니라 행복을 주는 플래너라고 말하고 싶다.

잠시 멈춰 서서 생각해보자. 오늘 하루 감사할 일은 뭔지. 생각이 곧 감사다. 그래서 생각think과 감사thank는 어원이 같다.

3장

질문은
답을 찾아가는
여행이다

지혜의 핵심은 올바른 질문을 할 줄 아는 것이다.

_존 사이먼

'오늘의 질문'은
플래너의 하브루타

━━━━━ 그날 모임은 짧은 시간이지만 내겐 신선한 충격이었다. 모임 주제가 '토론'인데, 유대인의 하브루타 havruta에 관한 특강을 듣고 실습하는 프로그램이었다. 유대인의 교육이 문답과 토론 방식으로 이루어진다는 것은 알고 있었지만 실제로 체험하기는 처음이었다.

질문의 힘, 노벨상과 하브루타

토론 수제로 누 가지 질문이 수어졌는데, 간명하면서도 흥미로웠다.

"전교 꼴찌 김태희와 전교 일등 오나미, 둘 중 누구를 자녀로 두고 싶은가?"

"알파고를 비롯한 인공지능(AI)이 계속 발전하도록 해야 할까, 아니면 막아야 할까?"

하브루타의 토론 방식은 주제를 던져주는 데서 그치지 않고 5분씩 서로 찬반 입장에 서서 번갈아가며 토론을 벌인다. 처음 5분은 필자가 전교 꼴찌 김태희를 자녀로 두는 것이 더 좋다고 설득하다가, 5분 뒤에는 전교 일등 오나미를 자녀로 두는 것이 더 좋다는 점을 상대방에게 설득해야 했다. 첫 5분은 괜찮았으나 바로 반대편 관점에서 설명하려니 3분이 지나자 머리가 지끈지끈 아프고 혼란이 오기 시작했다. 마칠 때쯤에는 혼란스럽기도 하거니와 여러 가지 이유로 피식 웃음이 나면서 머리가 완전 백지가 되어버린 듯했다.

유대인은 전 세계 인구의 0.2%에 불과하지만, 전체 노벨상 수상자의 22%를 배출했다. 해마다 유대인 수상자가 거의 빠진 적이 없는데, 특히 지난 2013년 노벨상 수상자 8명 가운데 6명이 유대인으로 알려지면서 또 전 세계에 유대인의 저력을 과시했다. 특히 4차 산업 시대에 요구되는 창의성이 두드러진 유대인의 활약상이 점점 더 두각을 나타내고 있다. 유대인은 역대 노벨경제학상의 37%를 차지했고, 과학 분야에서의 활약도 대단해서 노벨물리학상과 생리의학상은 각각 26%를 차지했다. 1973년 노벨물리학상 수상자인 이바르 예베르Ivar Giaever 교수(미국 랜슬럿Lancelot 공대)는 인터뷰에서 "유대인이 적은 인구에도 불구하고 노벨상 수상자가 많은 이유는 항상 궁금증을 갖고 토론과 질문을 많이 하기 때문이다"라고 했다.

한국과 이스라엘은 여러 가지 측면에서 닮은 점이 많다. 나라와 민족이 숱한 고난을 겪은 것이 그렇고, 무엇보다 자녀 교육에 열성인 점이 그렇다. 두 나라 모두 국방비와 교육비에 가장 많은 돈을 쏟아붓고 있고, 정부를 세운 것도 1948년으로 같다.

하지만 유대인과 한국인은 비슷한 점이 많으면서도 크게 다른 점이 있다. 유대인은 세계를 통틀어 1,500만 명 정도로 남한 인구의 3분의 1에도 미치지 못하고, 이스라엘의 국토 면적은 남한의 5분의 1에 불과하다. 우리 한국인은 평균 지능지수가 106으로 세계 최고지만, 이스라엘은 94로 세계 45위다. 국제성취도평가(PISA)에서 한국은

1~4위로 세계 최상위권이지만, 이스라엘은 OECD 34개국 중 30위에 머문다. 세계올림피아드에서도 한국은 최상위권의 성적을 거두지만, 이스라엘이 그렇다는 소식은 들리지 않는다. 공부하는 시간으로 보면 우리 학생들이 유대인 학생들보다 훨씬 길다. 유대인의 교육열이 높다지만, 기러기 아빠를 자처하는 한국에 비할 바가 아니다. 교사 수준도 한국이 세계에서 단연 최고라고 할 수 있다.

한국인은 지능도 그렇고, 공부하는 시간도 그렇고, 교육열과 교사 수준도 세계 최고라는 것이다. 그러면 당연히 세계적인 인물이 많이 배출되고 노벨상 수상자도 많이 나와야 할 것 아닌가. 그러나 현실은 전혀 그렇지 못하다. 노벨상 수상자가 여태 1명뿐이다. 그나마도 문학이나 과학과 같은 창조적인 분야가 아닌 노벨평화상이다. 일본인만 해도 노벨상 수상자가 27명이나 된다. 국적으로 보면 자연과학 분야에서는 제2차 세계대전 이후 일본은 미국 다음으로 많은 노벨상 수상자를 배출했을 정도로 기초 학문에서 눈부신 발전을 이루었다.

한편, 미국 아이비리그 대학 입학에서 한국계 학생이 차지하는 비중은 1%에도 채 미치지 못하지만, 유대계 학생의 비중은 30%에 이른다.

하브루타는 왜 특별한가

그렇다면 최고의 창의적 인재를 양성하는 유대인 교육의 핵심인 하브루타란 뭘까? 이스라엘이나 미국의 유대 사회에 가면 토라와 탈무드를 공부하는 유대인 전통학교 예시바yeshiva가 있다. 예시바에서는 수천 명의 학생이 둘씩 짝을 지어 자유롭게 큰소리로 논쟁하면서 공부한다. 이렇게 친구와 짝을 지어 논쟁하면서 공부하는 것이 '하브루타'다. 그러니까 짝을 지어 프렌드십과 파트너십으로 공부하는 것이다.

때에 따라 여러 명이 함께하지만 대개는 2명이고 거의 4명을 넘기지 않는다. 친구를 통해 배우는 것이다.

하브루타의 장점으로 크게 5가지를 들 수 있다.

하브루타의 5가지 장점

1. 뇌를 격동시켜 고차원의 사고력을 기른다. 토론과 논쟁은 뇌를 계발하고 고차원의 사고력을 기르는 가장

효율적인 방법이다.

2. 다양한 생각을 포용하게 하고 창의적인 사고를 하게 한다. 토론과 논쟁은 어떤 객관적인 사실에 대해서도 질문을 하게 만든다. 당연하게 생각하는 것까지도 뒤집어 생각하게 한다.

3. 자기 주도, 자기 동기 학습이 저절로 이루어진다. 교육의 본래 의미는 자기 안에 있는 것을 끌어내는 것이다. 하브루타는 미리 공부하고 토론을 준비해야 가능한 수업이므로 남이 공부하라고 다그칠 필요가 없다.

4. 소통과 경청 그리고 설득의 능력을 기른다. 하브루타 자체가 대화하고 토론하는 것이므로 의사소통 능력이 저절로 길러진다.

5. 질문을 통해 생각하게 만든다. 하브루타는 질문으로 시작해서 질문으로 끝난다. 알면 알수록 의문이 생기고, 질문이 늘어난다. 그래서 질문은 인간을 성장시킨다.

유대인 가정에서는 아버지가 어린 두 딸을 앞혀 놓고 질문을 던진다. "당근은 어떻게 자라는 걸까?" "우리가 왜 당근을 먹는지 아니?" 그러고는 채소 재배에 관한 우화를 읽어준다. 책을 읽는 중에 일곱 살 난 큰애가 "왜 당근 색깔은 주황색이에요?" 하고 묻더니 곧 자기 생각을 말한다. "아, 노랑 햇빛과 갈색 흙을 먹고 자라서 주황이 된 거 아녜요!"

이처럼 유대인 가정에서는 독서와 문답 그리고 토론이 일어나는 풍경이 일상이다. 매일 아이들과 책을 읽으며 격식 없는 문답으로 꼬리에 꼬리를 무는 대화를 한다.

우리의 문제, 플래너로 해결한다

그렇다면 우리 아이들은 어떤 질문을 받고 어떤 생각을 하며 지낼까? 필자의 경험으로 보건대 채소 재배에 관해 배울 때 어느 계절에 어떤 채소가 나는지, 채소별로 키우는 방법은 어떻게 다른지 그저 정보들을 바삐 머릿속에 저장하고 암기하는 데 급급하다. 분명 우리 아이들과 유대인 아이들의 배움에는 차이가 있고, 그 차이는 비단 채소 재배에 관한 깃민은 아닐 것이다. 우리의 공부는 '듣고 보고 외우고 시험 보고 잊어버리는' 수박 겉핥기의 끊임없는 반복이다. 우리 아이들에게 공부는 외우는 것이고, 책상에 오랫동안 앉아 있는 것이고, 혼자 책과 씨름하는 것이다.

우리 교육의 가장 심각한 문제는 생각하기를 가장 싫어하는 아이들로 만든다는 점이다. 교과서에 있는 정답을 외워 정답을 찾는 시험만 계속 보다 보니 외우는 것만 잘할 뿐 생각은 하지 않는다. 생각하지 않는 사람에게 어떤 미래가 있겠는가? 일방적으로 강의하고 설명하는 것을 듣고, 혼자 책과 씨름하는 공부는 소통하지 못하는 사람을 만든다. 그렇게 외운 지식은 이제 스마트폰 하나면 모두 해결되는 시대에 살고 있다. 무작정 설명을 들으며 생각할 겨를도 없이 스쳐 가는 정보들을 시험을 보기 위해 잠깐 암기하는 것을 '공부'라고 할 수 있을까?

필자의 학창시절 분위기는 토론 중에 언쟁해서는 안 되며, 특히 윗사람한테는 말대꾸하는 것 자체를 암묵적으로 금기시하는 분위기였다. 삼강오륜(三綱五倫)의 장유유서(長幼有序)의 미덕에 갇혀 선생님이나 윗사람과 감히 언쟁하는 것은 생각도 못 할 일이었고 질문하는 것도 조심스러웠다. 그러다 보니 문답이나 토론하는 법을 제대로 배워본 적이 없어 고차원의 사고력을 기를 기회가 없었다.

그러니 하브루타를 본격적으로 공부하면서 그 짧은 10분간 머리가 아프고 심지어 마칠 때쯤에는 머릿속이 하얗게 되지 않았겠는가. 유대인의 교육 방식이 우리보다 공부를 덜 하고도 성공하는 이유는 이런 공부의 효율성 때문일 것이다. 우리는 강의를 듣고 책을 읽으면서 외우는 수업이 대부분이지만, 유대인 교육에서는 직접 해보고 친구와 토론하면서 서로를 가르친다.

하나의 질문을 던지고 20가지의 실행 방법을 찾아내는 과정, 즉 우리가 사용하는 901플래너의 '오늘의 질문' 난은 바로 하브루타를 실행하는 마당이라고 할 수 있다.

하루의 작품을 만드는
매일 하나의 질문

—————— "몰랐어? 어차피 인생은 문제의 연속이야. 그리고 그 문제를 푸는 것은 우리의 몫이지. 어렵더라도 문제를 잘 생각해서 풀고 나면 복잡한 퍼즐을 맞췄을 때처럼 쾌감을 느끼잖아. 그래, 그러면서 우리는 성장하는 거야."

언젠가 힘들어하는 내게 선배가 해준 말이다. 그 선배는 늘 활기차게 인생을 즐기며 사는 그야말로 '언니'다. 그날 나는 그 선배와 밥을 먹으면서 "진짜 인생은 문제의 연속인 것 같아. 어쩜 하루도 쉽게 넘어가는 날이 없어 그래" 하며 하소연을 했더랬다.

최선의 노력을 이끌어내는 질문

그렇다. 인생은 문제의 연속이다. 선배의 말대로 인생이란 하루하루 생기는 문제들을 풀어가면서 살아가는 것인지도 모른다.

그러면 문제를 잘 풀기 위해서는 어떻게 해야 할까? 일단 질문부터 해야 한다. 기쁘게도 901플래너에는 '오늘의 질문' 난이 있다. 매일 질문하고 스스로 답을 써보는 공간이다. 이렇게 날마다 문제를 쓰고 답을 찾아가는 일을 하면 뭐가 좋을까?

질문은 무슨 일을 계획할 때, 해야 할 일을 점검할 수 있고 미리 생각해보게 한다. 그러다 보니 내가 저지를 실수나 실패의 확률을 낮춰 준다. 게다가 훨씬 여유롭고 재밌게 일을 하도록 도와준다. 그리고 설령 실수나 실패를 했다 하더라도, 또 준비한 대로 완벽하게 되지 않았다고 해도 예전처럼 심하게 자책하지 않는다. 왜냐하면 사람은 실수나 실패 그 자체보다도 내가 그 일에 최선을 다하지 못했다는 사실을 깨달있을 때, 더 괴로운 법이기 때문이다.

그래서 오늘의 질문을 통해 계획하고 실천한 날은, 나

스스로 최선을 다했다는 사실을 알기 때문에, 하고자 했던 일들이 좀 어그러져도 쉽게 낙담하지 않는다. 그리고 예전보다 재빨리 훌훌 털고 일어나게 된다. 그뿐만 아니라 오늘 생긴 또 다른 문제의 실마리를 풀 수 있는 새로운 질문을 할 수 있게 된다.

"아하, 이번엔 그게 문제였구나. 그렇다면 어떻게 개선할 수 있을까?"

이렇게 질문으로 다시 일어서며 도전할 수 있다.

그런데 이때 한 가지 명심해야 할 점이 있다. 질문과 답은 그 누구도 아닌 나 자신이 스스로 질문하고 답해야 한다는 것이다.

'내일의 답'을 결정하는 '스스로의 질문'

"인간은 자존심 덩어리다. 그래서 남의 말을 따르기는 싫어하지만, 자신이 결정한 것은 기꺼이 따른다. 그러므로 남을 움직이려면 명령하지 마라. 스스로 생각하게 하라."

《인간관계론》의 저자로 유명한 데일 카네기의 말인데, "스스로 생각하게 하라"라는 구절이 핵심이다. 901플래너의 '오늘의 질문' 역시, 스스로 생각하는 것이 핵심이다.

"말을 물가까지 끌고 갈 수는 있지만 물을 억지로 먹일 수는 없다"라는 격언은 누구나 알고 인정하는 바지만 실제에서는 자주 잊어버린다. 이는 남뿐만 아니라 자기 자신에 대해서도 마찬가지다. 귀찮고 힘들지만 꼭 해야 할 일을 할 때는 자기 설득이 필요하다. 이때 요긴한 것이 바로 자신에게 질문을 던지는 '오늘의 질문'이다.

필자가 맡은 901플래너의 첫 강의가 '오늘의 질문'이었다. 강의 준비를 위해 서점에 가서 '질문' 관련 책을 찾아봤더니 자기 계발 코너에 이미 차고도 넘쳤다. 제목도 다양했다. 질문이 인생을 바꾼다, 불편한 질문이 모두를 살린다, 리더처럼 질문하라, 질문이 답을 바꾼다….

도대체 질문이 뭐기에 인생을 바꾸고, 또 모두를 살려? 이런 의구심으로 책을 펴들었는데 읽다 보니 점점 그럴 수도 있겠다는 믿음으로 바뀌었다. 그래서 901플래너를 설계할 때도 정찬우 박사가 '오늘의 질문'에 가장 넓은 지면을 할애하지 않았을까, 라는 생각이 든다.

하지만 901플래너를 처음 사용하는 사람은 대개 '오늘의 질문' 난을 보고 그 넓은 지면에 날마다 무엇을 쓰라는 건지 막막해한다. "오늘의 질문? 이게 뭐예요?" "여기에 뭘 쓰라는 건가요?" "왜 이렇게 칸이 많아요?" "그런데 날마다 무슨 질문을 하라는 거죠?" 이처럼 플래너가 어려운 숙제처럼 느껴질 수 있다.

그래서 우선 일상생활에서 쉽게 적용할 수 있는 질문부터 뽑아봤다. 이 질문은 잠시 머리를 식히러 가족들과 청평으로 휴가를 갔을 때 필자가 적어둔 질문이다.

[오늘의 질문] ❶

"청평에서 어떻게 하면 즐겁게 지낼까?"

- 청평이나 그 근처에서 특별한 행사가 있는지 알아본다.

- 꼭 즐겨야 하는 것은 무엇인지 찾아본다.

- 근처 맛집을 찾아본다.

- 강변 스포츠도 알아본다.

- 근처에 가볼 만한 곳도 알아본다.

- 가서 읽을 만한 시집을 가져간다.

- 자연을 충분히 만끽하고 온다.

- 바비큐 시설을 이용해 고기를 구워 먹는다.

- 근처에 좋은 고기와 채소를 살 만한 곳이 있는지 찾아본다.
- 남편이 운전할 때 옆에서 다른 길을 얘기하지 말자. 믿고 맡긴다.
- 차에서 들을 좋은 음악을 준비한다.
- 여행하는 동안 조금 불편한 점이 있더라도 불평불만 하지 않는다.
- 기왕이면 화기애애하게 서로에게 좋은 점을 말해주며 말투도 부드럽게 한다 등등.

이렇게 미리 여행에 대한 질문과 계획을 세워두어서 그런 걸까? 청평 가족여행은 그 어느 때보다 화기애애한 분위기 속에서 좋은 추억을 많이 남기고 올 수 있었다.

또 언젠가 매일 갖고 다니던 파우치를 잃어버린 적이 있다. 그 안에는 차 열쇠뿐만 아니라 자주 쓰는 화장품들도 들어 있어서 꼭 찾아야 하는데, 도대체 어디에 두고 왔는지 기억이 나지 않는 것이었다. 그래서 질문을 던졌다.

[오늘의 질문] ❷

"도대체 나는 파우치를 어디에 두고 온 걸까?"

- 혹시 차에 두고 내린 것은 아닌지 먼저 찾아본다.

- 오늘 아침 들렀던 은행에 전화해본다.

- 낮에 친구랑 점심 먹은 곳에 전화해본다.

- 방송 미팅을 했던 회의실에 들러본다.

- 회의 끝나고 잠깐 들렀던 방송 분장실에도 전화해본다.

- 제자랑 차를 마셨던 커피숍에도 전화해본다.

- 아무 데도 없다면 혹시 집에서 안 가지고 나왔을지도 모르니 집에 가서도 찾아본다 등등.

여기저기 찾고 알아본 끝에 결국은 방송국 분장실에서 찾았다. 그때의 쾌감이란.

이렇게 오늘의 질문은 내가 90일 목표로 설정한 것 외에 일상생활에서 생기는 여러 가지 문제를 풀고 계획을 세울 때도 참 요긴하다. 높은 산을 오르면서 무조건 앞만 보고 올라갈 수는 없다. 중간에 잠시 쉬면서 자연도 느끼고 휴식을 취해야 남은 고지를 향해 지치지 않고 올라갈 수 있다.

90일 목표를 향해 달려갈 때도 틈틈히 즐기는 휴식은 필수다. 이때도 위와 같이 오늘의 질문을 활용하면 더 만족스러운 휴식을 취할 수 있다. 그리고 산을 오르다가 부상을 당하면 상처를 빨리 잘 치료해야 하듯이 90일 목표를 향해 달려가다 예기치 못한 문제가 생겼을 때도 오늘의 질문으로 지혜롭게 해결할 수 있다.

물론 그 질문의 시작은 내가 나에게 어떤 질문을 던지느냐에 달려 있다. 속담에 "콩 심은 데 콩 나고, 팥 심은 데 팥 난다"라고 했다. 마찬가지다. 나에게 나쁜 질문을 하면 나쁜 답이 나오고, 좋은 질문을 하면 좋은 답이 나온다. 그리고 생각을 두드려서 깨우면 내가 미처 상상도 못한 답을 스스로 불쑥불쑥 내놓는다. 정말이지 질문은 힘이 세다.

매일 하나의 질문이 하루의 작품을 만든다. 그리고 그 작품이 인생의 퍼즐 조각처럼 하나씩 모여서 한 달, 90일, 1년, 10년, 평생을 이룬다. 마침내 당신이 꿈꿔온 미래가 만들어진다. 바로 질문을 통해 지혜롭게 문제를 풀며 살아온 당신만의 아름다운 작품이다.

성공을 부르는
긍정적인 질문

—————— 어떻게 질문을 해야 원하는 목표를 이룰 수 있을까.

질문에는 두 가지 유형이 있다. 긍정적인 답을 유도하는 질문과 부정적인 답을 유도하는 질문이다. 긍정적인 질문은 자기 삶을 주도적으로 변화시키고 희망이 있는 삶을 설계하도록 이끄는 질문이다. 반면에 부정적인 질문은 자기를 위축시켜 수동적으로 만들고 자꾸 안 되는 핑계를 대면서 무기력하게 만드는 질문이다.

질문을 바꾸면 답이 바뀐다

어떤 일을 계획해서 추진하다 보면 처음의 기대와는 달리 일이 잘 안 풀리거나 자꾸 어그러질 때가 있다. 이때 사람들의 대응 방식은 대개 두 가지로 나뉘는데, 어떻게 대응하느냐에 따라 일의 결과는 크게 다르다. 사소한 차이 같지만 그 차이가 결정적이라면 일의 성패를 가를 수도 있다.

- 나는 왜 이런 것 하나도 못 하는 걸까?
- 왜 나한테만 자꾸 힘든 일이 생길까?
- 나는 왜 만날 이렇게 운이 나쁠까?
- 어휴, 이 엄청난 걸 내가 어떻게 해?
- 사람들이 이런 나를 한심하다고 하겠지?

자신에게 계속 이런 질문만 던진다면 어떻겠는가? 아마 90일 동안 아무리 열심히 계획을 세워서 플래너를 쓴다고 해도 목표를 이루기 어려울 것이다. 자신감과 자존감은 떨어질 것이고, 실패의 원인을 환경이나 다른 사람

탓으로 돌리며 세월을 허송하게 될 것이다.

그러니 이제 부정적인 질문들을 긍정적으로 바꿔보자.

✽ 나는 왜 이런 것 하나도 못 하는 걸까?

⇨ 어떻게 하면 이 일을 가능하게 할까?

내가 우선 할 수 있는 일은 무엇일까?

이 일에 필요한 도움을 어떻게 구할까?

✽ 왜 나한테만 자꾸 힘든 일이 생길까?

⇨ 하지만 정말 힘든 일만 있었을까?

힘들다지만 그게 얼마나 힘들겠어?

어떻게 하면 이 일을 즐겁게 해낼까?

✽ 나는 왜 만날 이렇게 운이 나쁠까?

⇨ 이걸 어떻게 전화위복으로 삼을 수 있을까?

최선을 다하면 불운도 행운이 되지 않을까?

그래도 나보다 운이 좋은 사람은 없을 거야?

✽ 어휴, 이 엄청난 걸 내가 어떻게 해?

⇨ 이걸 나눠서 해보면 더 쉬울 거야?

이 정도는 되어야 해볼 만하잖아?

눈이 게으르지 손발이 게으르겠어?

✱ **사람들이 이런 나를 한심하다고 하겠지?**

⇨ 나의 참모습을 몰라서 그럴 거야?

내게도 언젠가 빛나는 날이 오겠지?

시작은 작아도 끝은 아무도 모르겠지?

눈치챘겠지만 이처럼 모든 긍정적인 질문에는 '할 수 있다'라거나 '잘 될 거야'와 같은 긍정적인 에너지가 가득 들어 있다.

문제의 실마리는 WHY로, 해결책은 HOW로

어떤 문제가 생겼을 때 왜why라고 질문을 던지는 것은 문제해결의 시작으로, 매우 중요한 실마리다. 어떤 문제든 정확한 원인을 알아야 해결 방법을 찾을 수 있기 때문이다. 하지만 일단 문제의 원인을 알아냈다면, 이제 원인을 가지고 너무 시간을 지체할 필요는 없다. 물론 미진한 점은 다시 살펴야겠지만 문제해결에 집중하는 것이 더 중요하다. 강을 건넜으면 과감하게 배를 버리고 이제 산을 넘을 궁리에 힘을 쏟아야지 그 배를 짊어진 채 산을 넘기는 어렵다.

다시 말해 원인을 찾는 'WHY'의 질문이 끝났으면 바로 문제를 해결하는 'HOW'의 질문으로 넘어가야 한다. 이것이 바로 문제를 해결하는 긍정적인 질문의 자세다. 긍정적인 질문에서 긍정적인 답이 나온다.

생각을 두드려
깨우는 질문

"엄청난 실패를 겪고도 나는 여전히 살아 숨 쉬고 있었고, 너무나도 사랑하는 딸이 곁에 있었으며, 낡은 타자기 한 대와 원대한 꿈도 있었다. 내가 추락할 때 부딪혔던 딱딱한 바닥을 주춧돌 삼아 그 위에 내 삶을 다시 튼튼하게 지을 수 있었다."

세계적인 베스트셀러 '해리포터' 시리즈의 작가 조앤 롤링Joan K. Rowling의 말이다.

조앤 롤링의 5조 원짜리 질문

롤링은 비서 일을 하다가 해고되었고, 포르투갈로 건너가 영어강사로 일하다가 결혼했으나 곧 이혼했다. 그렇게 떠돌다가 영국으로 돌아온 롤링은 생후 4개월 된 딸과 함께 스코틀랜드 에든버러에 초라한 방 한 칸을 얻어 기거했다.

일자리가 없어 일 년여 동안 생활보조금으로 연명하던 그녀는 잃어버렸던 꿈을 찾아 동화책을 쓰기로 했다. 이렇게 지독한 가난에서 허덕일 때, 롤링이 자신에게 했던 질문 역시 'WHY(왜)'가 아니라 'HOW(어떻게)'였다.

그녀는 "왜 나는 지금 이런 불행한 처지에 놓인 걸까?" 하고 한탄하는 대신 "어떻게 하면 이 가난에서 탈피할 수 있을까?" "그렇다면 내가 지금 좋아하고 잘할 수 있는 일은 무엇일까?" "난방비가 부족해. 그러면 딸아이를 데리고 어디서 글을 쓸 수 있을까?" "어떻게 하면 더 흥미롭게 책을 쓸 수 있을까?" "독자들은 이 부분을 어떻게 생각할까?" 하는 꼬리에 꼬리를 무는 질문으로 자기만의 인생을 개척해 나갔다.

롤링은 어렸을 때부터 책장이 너덜너덜해질 정도로 즐겨 읽었던 《반지의 제왕》 같은 판타지 소설을 쓰기로 했다. 그러던 중 런던으로 가는 기차 안에서 모티프를 얻어 해리포터 시리즈를 집필하기 시작했다. 그녀는 어린 딸이 산책하는 것을 좋아해서 딸을 유모차에 태우고 집 근처의 카페 엘리펀트(지금은 전 세계 작가 지망생과 여행객의 관광명소가 되었다)에 가서 종일 죽치고 앉아 글을 썼다.

그렇게 눈물겨운 노력으로 쓴 첫 소설 《해리포터와 마법사의 돌》을 영국의 12군데 출판사에 보냈지만 내용이 너무 길다는 이유로 번번이 거절당했다. 그러나 그녀는 끝끝내 포기하지 않았으며, 마침내 13번째 출판사(블룸즈버리)에서 책을 출간하게 되었다. 이 출판사의 편집자는 자기가 원고를 읽기 전에 먼저 여덟 살 난 아들에게 읽혀 반응을 살폈다. 한참 만에 방에서 나온 아들은 상기된 표정으로 말했다.

"아빠, 이것은 다른 어떤 것보다 훨씬 멋져요!"

알다시피 이 책은 출간 즉시 선풍적인 인기를 끌어 시리즈로 이어지면서 전 세계 수억 독자를 열광시켰다. 그리하여 롤링은 올해의 작가상, 안데르센 문학상 등 숱한 문학상을 받았다. 또한 하버드대학교를 비롯한 6개 대학에서 명예박사 학위를 받았으며, 10년이 넘도록 세계 작가 수입 1위를 기록하는 등 엄청난 명예와 부를 이루었다. 2017년까지 그녀가 벌어들인 저작권료만 해도 5조 원이 넘는다.

그녀는 그렇게 이룬 부의 많은 부분을 사회에 환원하고 있다. 자신이 어렵게 살았던 시절을 기억하며 불치병 연구를 위해 큰돈을 꾸준히 기부하는 한편 세계 빈곤층 아이들을 위한 자선 단체와 소외된 젊은 여성들을 위한 재단을 운영하고 있다.

샌더스와 잡스의 굴하지 않는 질문

KFC를 설립한 커넬 샌더스Colonel Sanders 역시 긍정적인 질문을 통해 문제해결을 고민한 결과 늦은 나이에도 새로운 인생을 열 수 있었다.

그는 국도변에서 후라이드 치킨을 주메뉴로 하는 레스토랑을 운영하여 생계를 꾸렸는데, 65세가 되던 해에 레스토랑과 떨어진 곳으로 고속도로가 새로 뚫리면서 손님이 크게 줄었다. 결국 레스토랑이 경매에 넘어가면서 샌더스는 생계수단을 잃고 말았다. 하지만 그는 "왜 하필 내게 이런 일이 벌어졌을까?"라는 부정적인 질문을 되풀이하며 시간을 허비하는 대신 끊임없이 'HOW(어떻게)'를 질문하고 궁리했다.

"이제부터 어떻게 먹고 살아야 할까?" "레스토랑 없이 후라이드 치킨을 팔 방법은 없을까?" "그래 내게는 아직 나만의 특별한 레시피가 남아 있지. 그 레시피를 팔아보는 것은 어떨까?" "그 레시피로 전국에 프랜차이즈를 만들어보면 어떨까?"

이런 질문 끝에 실마리를 찾은 샌더스는 미국 전역을 2년 동안 돌아다녔지만 한 건의 계약도 성사시키지 못했다. 하지만 그는 끝까지 포기하지 않고 1,010번 만에 마침내 첫 계약을 성공시켜 기적적으로 꿈을 이루었다.

혁신의 아이콘으로 여겨지는 스티브 잡스Steve Jobs도 성공의 길만 걸은 것은 아니다. 그도 숱한 실패와 좌절을 겪었다. 공들여 만든 컴퓨터 리사는 저가형 IBM 컴퓨터에 밀려 시장에서 실패했고, 그야말로 심혈을 기울인 넥스트 컴퓨터 역시 여전히 비싼 가격으로 소비자에게 외면당했다. 야심 차게 개발한 휴대전화 ROKR E1은 작은 용량과 느린 전송 속도로 인해 대중화에 실패했다. 그 밖에도 하키 퍽 마우스는 너무 커서, 애플 3은 쓸수록 불편해서, 애플 포터블은 너무 비싸서, 블루투스 이어폰은 음질이 떨어져서 실패를 거듭했다.

하지만 잡스는 그때마다 실패를 자책하는 대신 끊임없이 그 실패를 만회할 새로운 질문을 던졌다. 아이폰은 그런 질문에 대한 최고의 보답이었다. 그는 가장 혁신적인 질문자였다. 그는 끝내 긍정적인 질문으로 위대한 기업 애플을 일구고 역사상 가장 창의적인 경영인으로 명성을 높였다.

999번의 실패 뒤에 올 성공

"실패는 성공의 어머니다."

학창시절에 너무 많이 들어서 시시해진 이 격언이 나이 들어갈수록 새삼 가슴에 와 닿는다. 수완 좋은 사업가이자 발명왕으로 불리는 에디슨은 얼마나 많은 실패를 겪었기에 이런 말을 남겼을까? 과연 그의 성공의 어머니는 실패였을까?

그는 적어도 수십 번, 많게는 수천 번의 실패를 겪으며 숱한 발명품을 성공시켰다. 그는 그런 무수한 실패를 실패로 보지 않고 성공의 한 과정으로 보는 긍정 마인드의 소유자였다. 그는 실패할 때마다 "응? 이 방법도 아니란 말이지? 그럼 어디 다른 방법을 찾아볼까?" 하는 긍정적인 질문으로 성공의 문을 하나씩 열어갔다. 999번째 실패하고 나서도 1,000번째는 성공할 것이라는 믿음을 버리지 않은 그는 "인생에서 실패한 많은 사람이 포기했을 때가 성공을 바로 눈앞에 둔 시점이라는 사실을 깨닫지 못한다"라고 했다.

성공한 사람들은 실패를 지속적인 것으로 생각하지 않는다. 그들은 실패한 횟수만큼 더 많은 것에 도전했고, 그 실패를 경험의 일부로 생각할 뿐이다. 게다가 실패를 통해 얻은 경험을 걸림돌이 아닌 디딤돌로 삼았다.

우리도 901플래너와 함께하는 '긍정적인 질문 HOW'로 인생의 반전 드라마를 써보면 어떨까?

행동을 이끌어내는
반복 질문의 힘

앞의 일화에 나온 인물들이 던진 질문의 중요한 공통점은 무엇일까? 바로 그들의 질문은 단발에 그치지 않고 꼬리에 꼬리를 물고 이어졌다는 것이다.

그렇다. 질문을 통해 성공에 이르려면 한 번의 질문으로 끝내서는 안 된다. 답을 구할 때까지 끈질기게 질문을 던질 필요가 있다. 최선의 답을 찾기 위해 반복적인 질문도 필요하지만 다양한 각도의 질문도 필요하며, 완전한 정보를 얻기 위해서는 물고 물리는 연쇄적인 질문도 필요하다.

'오늘의 질문' 활용의 예

이제 목표를 달성하기 위해 '오늘의 질문'을 어떻게 활용할지, 실례를 들어 알아보자.

한 가전제품 업체에서 신제품 발표회를 연다. 실무총괄을 맡은 신상품 개발 팀장은 내일 열리는 발표회를 성공적으로 마칠 수 있을지 초조하다. 이럴 때 '오늘의 질문'을 활용해 준비사항을 빠짐없이 점검할 수 있다.

[오늘의 질문] ❶

"신제품 발표회를 어떻게 잘할 수 있을까?"

- 중요 참석자들 이름을 숙지한다.

- 발표자료를 외울 정도로 연습한다.

- 최고 품질의 음료를 준비한다.

- 최고 수준의 내레이터 모델을 배치한다.

- 제품에 어울리는 옷을 입는다.

- 흰색 계열의 제품이니 직원들 복장도 블랙 앤 화이트로 깔끔하게 맞춘다.

- 만일의 사태를 대비해 예비 물품을 준비한다.

- 전시장 조명이 적당히 밝은지 확인한다.

- 전력에는 이상이 없는지 미리 확인한다.

- 고객이 앉을 의자가 편한지 확인한다.

- VIP에게 증정할 선물을 준비한다.

- 참석자에게 증정할 선물도 준비한다.

- 전원 리허설을 2번 실시한다.

- 얼굴에 미소를 띠고 발표한다.

- 미소 짓는 연습을 10분간 한다.

- 신제품 작동법을 완전히 숙지한다.

- 구 모델과 신제품을 비교할 수 있는 표를 준비한다.

- 동영상을 찍어서 홍보자료로 활용한다.

- 참석 직원들에게 예절 교육을 한다.

- 여유 있게 마친다.

이런 식으로 한 가지 질문에 딸린 세부 질문을 계속하면서 생각나는 답을 적는다(901플래너 내 미리보기 참조). 이때 가능한 한 최소 10가지 이상의 다양한 질문을 통해 답을 도출하는 것이 좋다. 그래야 준비사항을 빠짐없이 점검할 수 있고, 생각지 못한 기발한 아이디어를 얻을 수도 있다. 여기서 나온 답 가운데 행동으로 옮겨야 할 사항은 바로 옆 쪽에 있는 실행 칸인 '오늘 할 일(To-Do) 목록'으로 옮겨 적어서 실행하면 된다.

이번에는 필자가 실제로 홈쇼핑 방송에서 갱년기 여성을 위한 홍삼 제품을 방송하면서 나 자신에게 했던 질문을 소개한다.

[오늘의 질문] ❷

"어떻게 하면 방송 매출을 극대화할 수 있을까?"

- 공감대를 형성하는 방송을 한다.

- 내 경험을 생각해본다.

- 친구들을 만나면 갱년기 상태를 물어본다.

- 힘들었던 사례들을 모아본다.

- 인터넷으로 다른 사람들의 갱년기 상태와 홍삼 제품을 섭취한 후기도 살펴본다.

- 방송 끝나고 난 후 꼭 내 방송을 모니터한다.

- 내 방송뿐만 아니라 다른 갱년기 건강식품 방송도 모니터해

본다.

- 일단 내가 꾸준히 먹으면서 몸으로 느껴본다.

- 브랜드의 신뢰도, 역사 등을 짚어준다.

- 고객들이 궁금해하는 점들을 점검해본다.

- 방송 전에 미리 할 얘기들을 말로 연습해본다.

- 기왕이면 화사한 의상으로 준비한다.

- 사랑하는 마음을 갖는다. (천사의 말도 사랑이 없으면 울리는 징과 같다.)

- 진심으로 한다.

- 콜 모니터 보면서 판매 개수에 신경 쓰기보다는 마음의 소리에 초점을 맞춰 방송에 집중한다.

- 힘을 뺀다. 수영도, 골프도 힘을 빼야 더 잘할 수 있다. 마음의 여유를 갖는다.

- 이번 스승의 날에 홍삼 제품을 은사님께 선물한다.

- 방송 30분 전에 스튜디오로 내려가서 미리 준비한다.

- 방송 전에 방청객들과 재밌는 얘기를 하면서 편안한 분위기를 만든다.

- 진인사대천명이라는 마음으로 최선을 다한다.

질문은 또 새로운 질문을 낳고

이런 질문에 대한 답 중에는 다음날의 '오늘의 질문'에서 새로운 질문으로 이어지기도 한다.

1. 나와 친구들이 얘기한 갱년기 증상에는 어떤 것들이 있었지?

   (홍조, 불면, 우울, 피곤, 두근거림, 피부 건조…)

2. 이 제품에 대한 반응이 어떤지 알아볼까?

   (백화점에서 봤대, 모델 김** 이 기억나, 나도 먹어보고 싶어…)

3. 방송 전에 어떻게 하면 마음이 편안해질까?

   (운동하고 냉·온탕 하기, 책 읽기, 기도하고 묵상하기, 음악 듣기…)

만일 당신이 보험설계사라면 이런 질문들을 던져보자.

"보험을 계약할 때 준비할 것은 무엇일까?"

"어떻게 하면 계약을 성사시킬 수 있을까?"

만일 자격증을 준비하려는 학생이라면 이런 질문을 해보자.

"자격증을 따려면 먼저 무엇부터 해야 할까?"

"어떻게 하면 빨리 자격증을 취득할 수 있을까?"

그러면 학원이나 교재 선정에서부터 학습 계획까지 여러 답이 나올 것이다. 그 답을 토대로 실행에 옮길 것들을 바로 '오늘 할 일 목록'에 적어보자.

마침내 질문으로 완성되는 인생

혹시 내가 생각한 대로 일이 잘 안 풀린다고 상황을 한탄하면서 시간을 보내고 있지는 않은가? 이럴 때일수록 자신에게 생산적인 질문을 하고 행동으로 옮겨보자. 행동할수록 불안은 줄어들게 마련이다. 어떤 일을 하면 그것이 아무리 작은 일이라도 안도감이 생긴다. 그 문제를 내가 인지하고 그에 대응하여 스스로 행동하도록 준비하기 때문이다.

피할 수 없으면 즐기라는 말이 있다. 진정한 프로선수라면 삼진아웃을 당해도 다음 타석에서 조금도 위축되지 않고 자신 있게 방망이를 휘두른다. 힘든 일을 겪을 때 삼류는 울고, 이류는 참고, 일류는 웃는다고 하지 않는가?

자, 이제 나의 에너지를 신세 한탄하느라 허비하지 말고 문제를 푸는 데에 사용하자! 시작이 반이라고, 자신에게 질문하면서 단계적으로 계획을 세우는 순간, 아마 당신의 가슴은 희망으로 벅차오를 것이다.

그러니 실패를 두려워하지 말고 도전해보자. 조각가 로댕은 이런 말을 남겼다.

"경험을 현명하게 사용한다면 어떤 일도 시간 낭비는 아니다."

4장

쓰는 습관이
성공 습관을
부른다

만약 의식적으로 좋은 습관을 들이려고 노력하지 않는다면

자기도 모르는 사이에 좋지 못한 습관을 지니게 된다.

_디오도어 루빈

'미루는' 습관을
'이루는' 습관으로

———— '미루기'가 종종 걸작을 낳기도 한다. 1943 년, 아트 컬렉터 페기 구겐하임^{Peggy Guggenheim}은 잭슨 폴록 ^{Jackson Pollock}에게 자신의 집 현관에 설치할 벽화를 의뢰했다. 그러나 폴록은 수 개월간 밑그림도 그리지 않고 세월을 보냈다. 작품을 의뢰한 지 반년이 지나도록 벽은 백지 상태 그대로였다. 기다리다가 지친 구겐하임은 당장 그림을 그리지 않으면 없던 일로 하겠다고 엄포를 놓았다. 그러자 폴록은 밤을 꼬박 새워 장장 6미터에 달하는 대작 〈벽화〉를 완성했다. 이 작품은 현재 '추상표현주의'라는 새로운 사조를 연 작품으로 평가받고 있다.

미루기는 이익보다 손해가 더 크다

이 이야기를 들으면 언뜻 '미루기'가 걸작을 만든 것으로 생각할 수 있다. 그러나 걸작을 만든 것은 '미루기'가 아니고 '당장'이라는 시간이다.

A/B＝C에서 C가 이익이고 A는 행동이라면, A값이 높으면 C값이 올라가므로 이익이 되는 일일수록 행동할 확률이 높다. 그러나 여기서 정작 주목할 것은 B다. A값을 올리는 것보다 B값을 낮추는 것이 더 현명한데, 이것은 시간이다. 학생은 시험 기간이 다가올수록 열심히 공부하게 마련이고, 영업자는 마감일이 다가올수록 더 간절히 영업하게 마련이다.

일을 미루는 습관도 이 공식에 대입해서 생각해보자. 일을 미루는 것도 그 일을 미루는 것 자체로 또는 그 대신 다른 일을 해서 얻는 이익이 있다. 가령, 폴록은 벽화 그리기를 미루는 동안 그림을 그려야 한다는 압박감을 해소하기 위해 다른 즐거움을 누렸을 수도 있다.

미루고 있는 일을 생각할수록 '이대로 가다가는 마감 때까지 마칠 수 있을까?'라는 불안감이 짙어진다. 이때 불안을 떨치기 위해 보통 사람들은 이렇게 생각할 수도 있다. '그래 딱 5분만 스마트폰으로 놀자' 또는 '5분만 커피 마시며 수다를 떨자'라고. 그러다 보면 5분은 금세 가고 또 5분만 더, 더, 하며 계속 시간을 늘린다. 문득 정신을 차려보면 퇴근시간이다. 그러면 '오늘 마무리하기는 글렀어. 내일 다시 제대로 하자'라고 생각해버린다.

이처럼 중요한 일을 미루는 것은 스트레스에서 도망치고 싶은 욕구 때문이다. 잠시 잊어버리면 그 고통에서 벗어날 수 있다고 착각한다. 이는 디스크 환자가 근본적인 치료는 하지 않은 채 진통제만 맞고 있는 것과 같다.

사실 뒤로 미루는 습관은 그것으로 얻는 이익보다 더 많은 불이익을 가져다준다. 신경 쓰지 않는 듯하지만 자신도 모르게 마음속 깊은 곳에 스트레스가 차곡차곡 쌓이고 있는 것이다. 뭔가 개운하지 않은 마음이 항상 남아 있다. 중요한 일을 미루는 사람들은 내가 지금 이 순간을 살고 있다는 현실감각을 둔하게 만들어 현실이 아닌 허상과 환상을 좇는다.

일을 뒤로 미뤘을 때, 아예 잊은 것 같지만 우리 뇌는 잠재의식에서 미뤄놓은 일을 해결하기 위해 끊임없이 작동하고 있다. 따라서 잭슨 폴록은 6개월간 그 일을 망각한 게 아니라 작업을 미루면서도 끝없는 고민으로 머릿속이 복잡했을 것이다. 물론 폴록이 미루지 않고 곧장 그렸다면 아마도 그런 걸작은 나오기 어려웠을지도 모른다. 폴록이 결과적으로 미뤄서 이익을 얻긴 했지만 일반적인 경우는 아니다. 대개는 이처럼 일을 미루게 되면 불안과 초조로 스트레스에 시달리고, 그 스트레스를 풀기 위해 오히려 해가 되는 행동들(과음이나 줄담배 등)을 하게 된다. 그렇다면 일을 미뤄서 얻는 이익보다 손해가 훨씬 크다고 볼 수 있다.

'이루는' 습관을 들이는 비결

그러면 '미루는' 습관을 어떻게 '이루는' 습관으로 바꿀 수 있을까?

무엇보다 먼저 완벽주의를 버려야 한다. 완벽주의자는 좀처럼 결정을 내리지 못하고, 결정하고 나서도 즉각 행동으로 옮기지 못하고 머뭇거린다. 스스로 완벽하다고 생각하는 선까지 일을 미루기 때문이다. 완벽주의자까지는 아니더라도 우리는 대개 실수하면 어쩌나 하는 부정적인 생각으로 일의 시작을 미루고 진행이나 마무리 과정에서도 자꾸 머뭇거린다.

이와 반대로 지금 당장 시작하면 반드시 좋은 결과를 얻을 것이라고 상상해보자. 모든 일이 완벽할 수 있다면야 좋겠지만 그런 일은 있지도 않고 또 완벽할 것까지는 없다. 어차피 해야 할 일이라면 좀 서툴고 실수가 있더라도 바로 시작하는 것이 미루는 것보다는 더 낫다. 어떤 일도 시작하기에 완벽한 순간은 없다. 다만, 그 일을 해가면서 점점 완벽에 가까워질 뿐이다.

그다음은 기록하는 습관을 들여야 한다. 901플래너 '일일 계획 & 리뷰'에 있는 '할 일 목록'을 업무 시작 전에 적어보고 그 순서를 정한다. 어떤 일을 할 때 대부분의 사람은 중요한 일을 미루고 급한 일에 먼저 매달리는 실수를 저지른다. 그렇게 하지 않으려면 중요도에 따라 A, B, C라고 적고 그 옆에 급한 순으로 1, 2, 3의 숫자를 적는다. 가령 A1, B3, C2 하는 식이다. 그러면 일의 순서를 정하기 쉽고 미루는 습관을 이겨낼 수 있다. 중요한 순으로 일을 시작하면 된다. 즉 B1보다는 A3을 먼저 처리해야 한다. 항상 할 일을 메모할 때 이 일이 중요한 일인지 또는 급한 일인지 잘 구분해서 적다 보면 일을 효율적으로 마무리할 수 있으며, 미루는 습관을 이루는 습관으로 바꿀 수 있다.

단, 여기서 주의해야 할 점이 있다. 미루는 습관을 극복하는 것과 늦게까지 일에 매달리는 것, 일을 빠르게 마무리하는 것은 별개라는 점이다. 일을 미루다가 결국 마감에 쫓겨 밤을 새우거나 할 일 목록을 모두 마무리하지 못

오늘 할 일 (To-Do)		
T A2	☑	오늘 제출할 보고서 작성
T C2	○	약국 들러서 비타민 구입
T A1	☑	최 이사님에게 보고서 제출
T A2	☑	경쟁사 시장조사
T B1	☑	에어컨 알아보기
T A3	○	수영
T B3	○	부모님께 안부 전화하기
T B3	○	블로그에 글 올리기
T C1	☑	드라마 본방 사수
T	○	

했다고 자책할 필요는 없다.

인텔의 회장을 지낸 앤드루 그로브Andrew Grove는 "나는 일을 마쳤을 때가 아니고 피곤할 때 일과를 끝낸다. 늘 할 일이 있으며 해야 하는 일이 있고 할 수 있는 일이 있다" 라고 했다.

저녁에 점검할 때 아침에 적은 할 일 목록 중 절반만 실행했다 해도 자신에게 잘했다고 칭찬해주자. 중요한 것은 그 절반을 시도했다는 데 있으므로.

성공은 나를 믿고
도전하는 데서 온다

―――――――― 대학 시절, 배우의 꿈을 꾼 적이 있다. 연기 학원에 다니며 충무로에서 프로필을 돌리고 엑스트라 배우로 출연하기도 했다. 그러던 중 고 최진실의 첫 주연 영화 〈꼭지딴〉의 오디션을 볼 기회가 생겼다. 그 무렵에는 늘 대사 없는 엑스트라만 할 때였는데, 이 영화에서는 대사가 있는 단역이어서 그 자체로도 기뻤고 기대가 컸다. 그런데 오디션 보기 3일 전에 갑자기 입이 돌아가는 안면 신경마비가 오는 바람에 오디션도 보지 못했고, 그때 배우의 꿈을 접고 말았다.

실패가 두려워 도전하지 않는다면…

"억대 연봉의 주인공, 쇼핑호스트 유난희!"

이런 제목의 기사를 보고 쇼핑호스트라는 직업이 참 매력적이라고 생각했다. 짧은 시간 동안 카메라 앞에서 생방송으로 시청자들을 매료시킬 수 있다는 점, 배우는 아니지만 그래도 방송인이라는 점, 또 솔직히 돈을 많이 벌 수 있다는 점에 한번 해보고 싶다는 생각이 들었다. 하지만 당시 필자는 쇼핑호스트와는 전혀 무관한 직업군인 신분이었고, 쇼핑호스트에 도전하기에는 제약이 많았다. 아이들이 한창 크고 있을 때였고, 곧 진급 심사가 있는 중요한 시기이기도 했다. 더군다나 군의 관사는 홈쇼핑 방송조차 볼 수 없는 환경이었다.

그러던 중 한국경제신문사와 공동으로 쇼핑호스트 학원에서 카메라 테스트를 한다는 공고문을 우연히 보게 되었다. 생전 카메라 앞에 서본 적이 없는 나는 군인 특유의 스포츠머리를 한 채 쇼핑호스트가 되고 싶다는 간절한 마음으로 카메라 테스트를 하러 현장에 갔다.

상품 프레젠테이션은 화장품으로 정했다. 화장품이라

고는 군에서 지급되는 스킨로션과 밀크로션 두 가지밖에 모르는 문외한이었지만 그때는 어디서 무슨 힘이 났는지 정말 열심히 준비했다.

우여곡절 끝에 카메라 테스트를 마쳤고 큰 기대 없이 결과를 기다렸는데, 놀랍게도 합격 통보가 왔다. 내가 그 방면에 소질이 있어서 합격한 줄 알았는데, 나중에 알고 보니 응시생 대부분이 합격한 것이었다. 아직도 그때 카메라 테스트를 위해 열심히 준비했던 과정, 처음 카메라 앞에 섰을 때의 떨림, 결과를 기다릴 때의 조바심 등 다 내 인생의 소중한 기억으로 간직하고 있다.

마침 보직이 24시간 근무하고 48시간 쉬는 3교대 근무라서 근무 시간 외에는 학원에 가서 수업을 들었다. 지금 생각하면 어떻게 버텼는지 믿기지 않지만 그 무렵의 나는 정말 지독했다.

상황실 특성상 24시간 동안 한숨도 잘 수 없었고, 오전 9시에 교대한 후 한 시간 거리에 있는 학원으로 갔다. 다시 귀대해서 24시간 근무한 후 공부하러 학원으로 가는 생활을 한동안 반복했다. 그때는 피곤한 줄도 모르고 열정적으로 공부하며 치열하게 살았다.

지금은 홈쇼핑 매체가 대중화되어서 쇼핑호스트가 친숙하게 느껴지지만 2001년 당시만 해도 생소한 직업이었다.

마침 이색 직업을 찾아 방영하던 MBC-TV 프로그램 〈화제 집중〉에서 쇼핑호스트 양성 아카데미인 우리 학원으로 취재를 하러 왔다. 당시 특이하게도 현역 장교 신분으로 쇼핑호스트 수업을 듣고 있는 나를 본 제작진이 인터뷰 요청을 했다. 나는 방송에 나오는 게 좋아서 별생각 없이 인터뷰에 응했는데, 그것이 곧 문제가 되었다. 방송에 출연한 사실을 알게 된 국군기무사령부에서 사전 허가 없이 방송에 출연했다며 징계를 거론했다. 진급 심사가 들어가는 중요한 시기이기에 작은 징계라도 진급에 영향을 줄 수 있었다.

내게는 두 가지 선택지가 있었다. 첫째, 징계를 받고 쇼핑호스트 공채 합격을 할 때까지 군 복무를 하는 것. 둘째, 지금 전역하고 쇼핑호스트 공채 시험 준비에 매진하는 것. 전역하면 서른다섯 나이에 아이 둘까지 딸린 백수가 되는 신세였다. 깊은 고민으로 잠이 오지 않았다. 그러나 첫째를 선택하든 둘째를 선택하든 결국 나는 쇼핑호스트 시험 준비를 할 것이었다. 그렇다면 시험 준비에 전념

하는 것이 답이다 싶어 과감하게 전역을 선택했다.

여기서 실패하면 이제 돌아갈 곳이 없었다. 배수진을 친 것이다. 절실했다. 매일 산에 오르며 목청껏 연습하고 밥 먹는 시간을 제외하고는 쇼핑호스트가 되기 위한 연습에 매진했다. 3개월 후 나는 NS홈쇼핑 공채에 합격했다.

나를 한번 믿어봐!

이때의 경험이 살아가는 데 큰 도움이 된다. 만약 그때 나를 믿지 못했더라면 쇼핑호스트는 될 수 없었을 것이고, 지금의 나도 없었을 것이다. 그 이후에도 나는 다양한 경험을 하는 것에, 새로운 도전을 하는 것에 주저함이 없었다. 물론 도전함으로써 힘들었던 적도 많았지만 그만큼 성장해온 것도 틀림없다.

우리는 살면서 수많은 결정을 하게 된다. 그럴 때마다 대부분은 현실에 안주하고 싶은 욕망이 더 커 새로운 도전을 두려워하고 꺼린다. 하지만 예상치 못한 일은 어디에서나 일어날 수 있고, 세상은 점점 더 빠르게 변화하는데, 그 변화가 두려워 안주한다면 그게 바로 퇴보하는 지

름길이다.

도전에 대한 두려움이 커질 때마다 나는 스펜서 존슨 Spencer Johnson이 쓴 《누가 내 치즈를 옮겼을까》를 읽고 새롭게 다짐하곤 한다. 나는 '햄'처럼 자신을 믿지 못해 새로운 세상 밖으로 한 걸음 내딛는 것조차 두려워하는 그런 모습으로 살고 싶지는 않다. 그래서 이 책의 메시지는 늘 내 가슴을 울린다.

변화를 받아들여라.
모험을 두려워하지 말라.
그리고 새로운 치즈의 맛을 즐겨라.

항상 새로운 도전을 할 때마다 위 세 문장을 되새겼다. 한 번 달콤한 치즈를 맛보면 그것을 박차고 나오기가 쉽지 않다. 하지만 막상 박차고 나오면 세상은 의외로 할 것이 많다는 것을 알게 된 후로 새로운 도전에 대한 두려움을 떨쳐버릴 수 있었다.

자신의 마음속에서 어떤 끌림이 생기면 한번 과감하게 도전해보자. "사람은 잠재력을 가지고 태어나서 경험을 가지고 죽는다"라는 말이 있는데, 공감이 간다. 사람은 죽을 때 생전에 하고 싶었지만 못해봤던 것을 가장 아쉬워한다고 한다. 사랑하는 사람에게 사랑한다는 말을 더 많이 못 했다거나 도전하고 싶었지만 하지 못 했던 것 등.

도전을 너무 거창하게 생각할 필요는 없다. 그저 마음속에 맴돌던 목표나 당신이 바라는 바를 플래너에 적기만 해도 이미 도전은 시작된 것이다.

나를 젊게 만드는 901플래너

901플래너는 내가 생각만 하고 미루어온 것들, 도전하고 싶었던 것들을 이룰 수 있게 도와준다. 꿈을 이루기 위해 매일매일 기록하면서 다짐하고 점검하므로 실행력을 높여준다. '될까, 안 될까, 어렵지는 않을까, 내가 할 수 있을까'와 같은 머릿속 수많은 질문을 지워버리고 그냥 일단 적고 실행하면 된다. 거창한 계획이 보기에는 멋있어 보일지 몰라도 막상 실행에 옮기려면 힘에 부쳐 중도에 포기하는 경우가 많다. 그럴 때일수록 지금 당장 어렵잖게 실천할 수 있는 아주 작은 계획부터 세운다. 꾸준히 실천하다 보면 누구나 자신이 이루고 싶었던 마음속 깊이 잠자고 있는 꿈을 이룰 수 있다.

901플래너는 나를 젊게 만들어준다. 30대 때 나는 50세가 되면 꿈을 거의 다 이루고 슬슬 퇴직을 준비하는 그런 나이라고 생각했다. 50세라면 아무래도 새로운 꿈을 펼치기보다는 그간 펼쳐온 것들을 거둬들이는 나이 아니겠는가. 그러나 나는 50세가 되어서도 아직 꿈을 향해, 새로운 도전을 향해 달려가고 있다. 물론 체력적으로 예전보다 힘에 부치는 것은 사실이다. 그렇지만 하루하루를 정말 열심히 살고 있다고, 어떤 50대보다 열정적으로 살고 있다고 자신할 수 있다. 바로 901플래너가 이 나이에도 30대처럼 도전하는 것을 두려워하지 않고 나를 믿고 앞으로 나아갈 수 있도록 도와주기 때문에 가능한 일이다.

또 가족들 역시 내가 새롭게 도전할 때마다 묵묵히 응원해 주었다. 그런 소중하고 든든한 가족이 있다는 것 자체가 내 삶의 원동력이다. 나는 비록 표현에 서툰 살짝 무뚝뚝한 아빠이자 남편이지만 나의 마지막 청사진은 그저 사랑하는 가족과 행복하게 사는 것, 아이들이 배울 점 많은 존경하는 아빠로 나를 기억하며 훗날 나를 인생 멘토로 삼을 수 있도록 열심히 멋지게 사는 것이다.

감동의 그날, 2018년 1월 27일

2017년 12월 10일, 사랑하는 딸 수현과 아들 장현 그리고 아들의 여자친구 솔비 앞에서 901플래너 강의를 처음 했다. 딸은 24세, 아들은 22세로 이미 훌쩍 성인이 된 아이들이 요새 어떤 생각을 갖고 있는지, 어떤 미래와 인생계획을 세우고 있는지, 꿈과 최종 목표는 무엇인지 등에 관해서.

아무리 부모가 자녀와 대화를 자주 하고 소통을 잘한다고 해도 이렇게 구체적으로 아이들의 생각을 아는 부모는 흔치 않을 것이다. 가족들 모두 워낙 바빠서 식사를 같이 하기도 힘든 요즘에는 더더욱 말이다. 동기부여 강의를 여러 번 했지만, 아이들 앞에서 하는 강의는 유독 새롭고 더 긴장되었다. 강의를 준비할 때도 어떤 말을 하면 더 좋을지, 아빠의 잔소리가 아닌 동기부여 강사로서 어떻게 아이들에게 진심을 전할지, 평소보다 더 깊이 고민했다.

아이들과 같이 호흡하며 진행했던 3시간 반의 강의. 그

동안 평소에는 듣지 못했던 아이들의 생각과 요즘의 고민거리, 나름대로 그리고 있는 인생의 청사진, 이루고 싶은 목표를 말과 글로 다짐할 때 나는 무척 행복했다. 이렇듯 901플래너는 나의 성장뿐만 아니라 내가 사랑하는 사람들도 함께 성장할 수 있게 만들어준다. 사람은 자기가 성장한다고 느낄 때 행복하다고 하는데, 심지어 사랑하는 사람들이 성장하는 모습을 보면 얼마나 기쁘겠는가.

내게 이런 새로운 행복과 보람을 느끼게 해준 강사의 꿈 역시 901플래너를 만나면서 더욱더 구체화되었다. 매일 100번씩 좋은 동기부여 강사가 되고 싶다는 꿈을 적으면서 다짐했다. '어떻게 하면 좋은 강사가 될 수 있는지, 현재 무엇이 부족한지'를 질문하고 매일 기록하면서 스스로 답을 찾아나갔다.

그렇게 90일 정도 썼을 무렵, 청중이 아닌 강사로서 1시간 시범 강의를 하게 되었다. 그것이 계기가 되어 강사로 활동할 수 있었고, 901플래너를 만나 또 다른 새로운 도전을 할 수 있었다. 이 역시도 끝까지 나를 믿고 도전했기에 맛볼 수 있는 새로운 치즈의 맛이 아닐까.

플래너를 쓰고부터
모든 것이 달라졌다

──────── 나는 플래너를 쓰고부터 모든 것이 달라졌다! 정말 모든 것이 달라졌느냐고 몇 번을 물어도 자신 있게 그렇다고 말할 수 있다. 그런 자신감은 어디에서 나오는가. 바로 플래너를 통한 '시간 관리'에서 나온다.

901플래너로 달라진 삶

크고 담대한 꿈을 실현하는 가장 좋은 방법은 우리가 감당할 수 있는 작은 단위로 나누어 하나씩 해결해나가는 것이다. 한국플래너협회 회원들은 901플래너를 활용해서

정해진 동안 시스템에 맞춰 꼭 달성해야 할 목표를 설정한다. 90일 동안 매일 서로의 진행 상황을 공유하면서 각자의 꿈을 응원하므로 결국 이루어질 수밖에 없다. 매일 '생각'하고, '계획'하고, '점검'하면 지속해서 발전하게 된다.

누구에게나 주어진 시간은 하루 24시간이며, 그 시간을 어떻게 채워나가는지는 저마다의 몫이다. 일반적으로 시간을 알차게 채워나가면 행복하다고 느끼고 그렇지 못하면 불행하다고 느끼므로 어떻게 보면 행복과 불행도 시간을 어떻게 활용하느냐에 달려 있다고 볼 수 있다. 우리는 플래너를 쓰면서 시간의 마법을 경험한다. 사소한 선택의 연속성이 결과를 바꾸는 마법을 체득(體得)하고 있다.

크로노스의 시간, 카이로스의 시간

시간이 흘러감에 따라 우리는 수많은 'OO'를(을) 놓치고 있다. 이것은 시간과 아주 밀접한 관계가 있다. 이것은 무엇일까?

이탈리아 북부 토리노의 박물관에는 기괴하기 짝이 없

는 모양의 석상이 하나 있다. 앞머리는 길고 뒷머리는 벗어졌으며, 어깨와 발뒤축에는 날개가 달려 있다. 왼손에는 저울이 들려 있고, 오른손에는 칼을 쥐었다. 이 석상의 주인공은 제우스의 막내아들 카이로스다. 그는 왜 이런 형상을 갖게 되었을까.

"내 앞머리가 풍성한 것은 사람들이 내가 누구인지 금방 알아차리지 못하게 하려는 것이지만, 한편으로 나를 쉽게 붙잡을 수 있도록 하려는 것이다. 뒷머리가 대머리인 것은 내가 지나가면 다시 붙잡지 못하게 하려는 것이다. 어깨와 발뒤축에 날개가 달린 것은 최대한 빨리 날려는 것이다. 왼손에 저울을 든 것은 일의 옳고 그름을 정확히 판단하려는 것이고, 오른손에 칼을 쥔 것은 칼로 자르듯 신속히 결단하려는 것이다. 내 이름은 카이로스, 다름 아닌 '기회'다."

크로노스Kronos와 카이로스Kairos는 그리스어로 모두 시간을 뜻하지만 그 의미는 서로 다르다. 크로노스는 일상으로 흘러가는 시간, 누구에게나 주어지는 24시간의 하루다. 반면 카이로스는 구체적인 사건의 시점, 자신의 선택으로 이루어지는 시간, 불교에서 말하는 '찰나'의 시간,

즉 자신의 운명을 바꿀 수 있는 시간이다.

다시 말해 크로노스의 시간은 누구에게나 공평하게 흐르는 객관적인 시간이고, 카이로스의 시간은 나에게만 허락된 기회를 뜻한다. 시간과 기회는 결코 절대적인 것이 아니다. 중병을 앓고 난 잡스의 하루가 다르듯, 한 달 전의 나의 하루와 지금의 나의 하루는 다르다. 시간과 기회는 상대적이다.

성공하기 위해서는 반드시 '카이로스'의 시간 관리 습관을 제대로 만들어야 한다. 막연한 목표만 정해놓고 언젠가는 기적처럼, 나도 모르는 새 이루어질 거라고 아무리 생각해본들 그런 일은 절대 일어나지 않는다.

대부분 매일 많은 시간을 허비한다. 그것도 생각보다 훨씬 많은 시간을. 그 시간 중 조금이라도 지배할 수 있다면 분명 우리의 인생은 크게 달라질 것이다. 24시간이 중요한 것이 아니라 질적으로 어떻게 사용하는가에 초점을 두어야 한다. 이러한 질적인 시간 관리의 핵심은 에너지의 활용에 있다.

예컨대, 하루 10시간 근무를 한다고 해도 10시간 내내 집중해서 일하는 사람은 별로 없다. 공부나 운동을 할 때도 마찬가지다. 더구나 컨디션이 안 좋거나 생각지 않은 일이 생겨서 전혀 엉뚱한 일을 하게 되는 경우도 있다. 사람들의 시간 사용 실태를 조사해서 본래 목적에 집중한 평균 시간을 내본다면 아마도 30% 정도, 많이 잡아도 40%를 넘기지 못할 것이다. 그러니 지금부터라도 시간 관리하는 습관을 하나씩 만들어나간다면 충분히 두 배, 세 배로 효율을 높일 수 있다는 이야기다.

모든 일은 하면서 쉬워진다

"쉬워지기 전에는 모든 것이 어렵다"라는 괴테의 말처럼 좋은 습관도 만들기는 어렵지만 일단 만들고 나면 생활이 편해진다. 시간을 잘 관리하는 습관은 당신이 일하는 내내 도움이 될 것이다. 솔직히 이런 습관을 들이기까지는 쉽지 않고 고단하기도 하다. 하지만 "성공한 사람은 그렇지 못한 사람들이 하고 싶어 하지 않는 것을 습관으로 만든다"라는 철학자 허버트 그레이Herbert Gray의 말처럼 성공한 사람도 하고 싶지 않기는 마찬가지다. 단지 그것이 성공의 대가라는 것을 알기 때문에 실행할 뿐이다.

901플래너로 시간 관리 비법을 익힌 사람들은 카이로스의 개념을 정확히 알고 있으며, 실제로 자신의 삶에 적용함으로써 나날이 변화하고 달라지고 있다. 30~40%에 불과한 시간의 효율성을 60~80%까지 끌어올림으로써 인생을 두 배로 사는 것이다. 그래서 "우리는 플래너를 쓰고부터 모든 것이 달라졌다"라고 자신 있게 말할 수 있다.

우리는 최고의 성과를 올리기 위한 자신의 열망과 주요 가치, 신념에 부합하는 분명한 목표와 대상을 설정하고 있다. 지금의 생각과 태도가 미래를 결정하므로 인생을 바꾸고 싶다면 당장 오늘부터 달라져야 한다. 시간의 가치는 어떤 자산보다 크며, 이것은 아무리 강조해도 지나치지 않다. 그러므로 시간 관리는 평생 일상으로 실천해야 할 삶의 무늬다. 이것은 단순한 습관을 넘어 저마다 목표를 성취하는 데 가장 중요한 일이다. 시간 관리를 철저히 하면 우리가 할 수 있는 일에 한계란 없다.

누구나 궁극적으로 행복해지길 원한다. 하지만 충동적으로 두서 없이 시간을 낭비하면서 행복하고 충만한 인생을 원한다면 언어도단(言語道斷)이다. 나름대로 자신의 원칙을 만들어 시간을 잘 관리할 때 높은 성취감을 얻을 수 있다. 이렇게 지속적으로 하다 보면 성공의 밑거름이 되어 당신을 행복으로 인도해 줄 것이다.

시간이 곧 삶이다

최고액권인 100달러짜리 미국 화폐에는 벤저민 플랭클린Benjamin Franklin의 초상이 들어 있다.

정치가, 작가, 과학자, 교육자로서 여러 방면에 뛰어난 업적을 남긴 플랭클린은 사후 200여 년이 지난 지금도 미국인이 가장 닮고 싶어 하는 인물 중 하나이다.

그는 1706년 가난한 양초 비누 제조업자인 조사이어 프랭클린Josiah Franklin의 아들로 태어났다. 13남매 가운데 10번째였고, 아들로서는 막내였다. 정규교육을 거의 받지 못한 그는 10세 때 아버지 일을 돕기 시작해 12세 때 형의 인쇄소에 수습공으로 들어감으로써 사회에 첫발을 내디뎠다. 17세 때 형과의 불화로 집을 나와 각고 끝에 인쇄소를 경영하여 크게 성공했다. 사회학자 짐 론Jim Rohn의 말처럼 그는 "미국은 매력적인 나라이고 누구든 열심히 하면 경제적으로 성공할 수 있다"라는 아메리칸 드림의 표본이 되었다.

벤저민 프랭클린은 1770년부터 자서전을 쓰기 시작했다. 그의 자서전은 숱한 인물들의 자서전 가운데서도 가장 뛰어난 것으로 평가받고 있다. 그가 창안한 13가지 덕목 중 '근면'에서는 특히 시간을 강조한다.

"시간을 낭비하지 마라. 언제나 유용한 일을 하고, 무례한 행동은 끊어라."

프랭클린의 말대로 시간은 곧 삶이고, 삶은 온통 시간으로 이루어져 있으니 시간을 낭비하는 것은 곧 삶을 낭비하는 것이다.

"삶을 사랑하는가? 그렇다면 시간을 낭비하지 마라. 삶이란 바로 시간으로 이루어져 있기 때문이다. 당신은 지체할 수도 있지만, 시간은 그러하지 않을 것이다."

행복을 여는 열쇠,
선행

─────── 불교에서는 세상에 태어난 것 자체를 업(業)이라고 한다. 기독교의 원죄(原罪)와도 일맥상통하는 의미다. 다만, 불교에서는 스스로 수양과 선행을 통해 그 업에서 놓여나야 한다는 것, 기독교에서는 그 원죄를 예수님이 대속했으니 예수님의 말씀에 따라 살아야 한다는 것이 다를 뿐이다.

우리가 선행하는 것은 (불자라면) 업에서 놓여나고 (크리스천이라면) 예수님 말씀대로 사는 것이기도 하지만 누구든 스스로 행복해지는 길이기도 하다.

선행은 마음먹기에 달렸다

사후세계를 다룬 영화 〈신과 함께〉(감독 김용화). 한국 영화로는 처음으로 1편(죄와 벌, 2017)과 2편(인과 연, 2018) 시리즈 모두 천만 관객을 넘긴 독특한 영화다. 필자는 마침 관심이 가는 주제라서 1, 2편 모두 재미있게 보았다.

영화 1편은 인간이 이승에서 저지른 죄에 따른 저승에서의 벌을 다룬다. 화재 현장에서 한 아이를 살리고 죽은 소방관이 사후 49일 동안 살인, 나태, 거짓, 불의, 배신, 폭력, 천륜 등 7개 지옥을 돌며 심판을 받다가, 결국에는 가족 간의 사랑으로 무죄를 선고받고 환생한다는 이야기다. 주인공은 착하게 살아온 편이라서 무사히 환생할 것으로 여겨졌지만, 하마터면 중간에 여러 번 지옥에 떨어질 뻔했다. 화재 현장에서 살릴 수 있었던 동료를 그냥 놔두고 온 죄, 궁핍한 집안 형편으로 어머니와 동생을 죽이고 자기도 죽으려고 했던 집단 자살을 시도한 죄, 그리고 그때의 죄의식으로 15년 동안 열심히 일하면서 어머니에게 돈만 부치고 한 번도 찾아가지 않은 죄 때문이다.

그 밖에 일반 사람들이 무심코 저지를 만한 죄들도 보

여준다. 예를 들면 어떤 유명인이 자살했는데 혹시 인터넷에 악성 댓글을 달았다면 그것도 살인죄요, 누군가 힘들 때 외면하고 냉담한 것도 죄요, 불의를 보면서도 가만히 있었던 것도 죄요, 그 밖에 사소하게 넘길 만한 것들도 죄가 되는 것들이 너무 많았다. 특히 이 영화를 보고 난 후, 바쁘다는 핑계로 부모님을 잊고 살기도 했고, 주인공처럼 죄송한 마음에 일부러 부모님을 피하기도 했던 자신의 모습이 중첩되어 눈물이 났다는 친구도 있었다.

필자 역시 죄를 짓지 않고 착하게 살려고 노력하지만, 부족한 인간이다 보니 무심히 지나쳐버리는 죄도 많고, 갖은 핑계로 정말 소중한 일을 그냥 넘길 때도 있다. 그런 측면에서 901플래너의 선행을 적는 칸은 꼭 필요한 부분이다. 선행이라고 하면 으레 봉사나 기부 같은 눈에 띄는 것을 먼저 떠올리겠지만, 일상에서 알게 모르게 사소한 선의와 호의를 보인 행동을 적는 것도 의미가 있다. 예를 들면 부모님께 안부 전화 드리기, 동생들과 연락하고 가끔 점심 먹기, 은사님을 찾아뵙거나 편지 또는 전화 드리기, 친구들의 생일을 기억하고 축하 메시지 보내기 같은 것들이다. 아니면 아침 회의 때 동료들을 위해 도넛 사가

기, 뒤에 오는 사람들을 위해 문고리 잡아주기, 끼어들려는 차에 기분 좋게 양보하기, 일회용 컵 대신 텀블러 들고 다니기 같은 것도 우리가 일상에서 조금만 마음을 바꾸면 쉽게 실천할 수 있는 선행이다.

선행의 최대 수혜자는 자기 자신이다

어느 회사의 한 직원은 평소에 동료들에 대한 불평불만으로 늘 투덜거렸다. 그러던 어느 날 인사 발표를 앞두고 회사 대표가 그 직원을 불러놓고 말했다.

"자넨 연차도 된 데다 실적까지 좋아서 이번에 승진을 기대하고 있을 줄 아네. 하지만 동료들 사이의 인성평가가 좋지 않아서 승진을 보류시켰네. 그러니 오늘부터 날마다 한 사람에게 무조건 친절을 베풀어보게. 자네 승진을 위한 특별 미션이니 꼭 실행하게."

회사 대표가 내린 미션이니 무조건 따를 수밖에 없었다. 그런데 한 달 후에 놀라운 일이 일어났다. 친절을 베풀었더니 사람들이 자기에게 웃어주고, 또 감사 표시를 하는 것을 보면서 그 직원 스스로 변화하기 시작한 것이다. 긍정적인 에너지를 받으니 동료들을 보는 관점이 달라지면서 그들의 장점이 보이기 시작했고, 그들을 대하기가 편안해지니 회사 생활이 즐거워졌다. 그에게 친절이 이제는 단지 승진만을 위한 미션이 아니었다. 그 자신이 행복해지는 비타민이었다.

어느 날 901플래너를 같이 쓰면서도 선행 칸에 적을 게 없다고 투덜거리던 후배가 활짝 웃는 얼굴로 나를 불러 세우더니 내 칭찬을 늘어놓는다.

"선배님, 세상에 어쩜 그리 코디 센스가 좋아요. 오늘 따라 얼굴빛도 밝고…. 근데 있잖아요, 선배님. 전에 제가 선행 칸에 적을 게 없어서 고민이라고 그랬잖아요. 그래서 그날부터 만나는 사람들에게 무조건 웃으면서 친절한 말 한마디를 건네야지 마음먹고 그대로 했지 뭐예요. 당장 그날 점심을 먹고 나오면서 식당 아주머니께 '어머, 오늘 음식 너무 맛있게 잘 먹었어요. 고맙습니다' 하고 웃으면서 인사를 했더니 아주머니께서 '어쩜, 아가씨가 이렇게 말을 예쁘게 해요. 정말 기분 좋네. 아가씨, 복 많이 받을 거예요' 하며 덕담을 해주시는 거예요."

이렇게 다른 사람을 위해 베푼 사소한 친절이 다시 자

기에게 돌아와 또 다른 행복을 줄 때가 많다. 성경에도 "남이 너희에게 해주기를 바라는 그대로 남에게 해주어라"라는 구절이 있다. 내가 다른 사람에게 좋은 의도를 가지고 표현하면 그것은 선물이 되어서 좋은 일로 돌아오게 마련이다. 게다가 친절을 베푸는 것의 가장 좋은 점은 자기 자신이 선해진다는 것이다.

돈보다 더 중요한 것

어렸을 때 읽은 동화 《크리스마스 캐럴》의 스크루지 영감이 생각난다. 평생 돈을 모으는 데만 혈안이 된 그는 불우이웃을 위해 모금하러 온 사람들을 비웃었다. 그러던 그가 성탄절 전날 밤 자신이 죽은 후의 처참한 모습을 보게 되면서 잘못을 뉘우치고 이웃에 자선을 베푼다. 그리고 돈보다 더 중요한 사랑의 가치를 깨닫는다.

스크루지 영감처럼 죽음을 미리 경험해보면 삶이 달라질까? 이런 이야기는 비단 동화 속에만 있는 것은 아니다.

서른셋에 백만장자가 되고, 마흔셋에 미국 최대 부자가 되었으며, 쉰셋에 마침내 세계 최대 부자가 된 사업가가 있다. 그는 수단을 가리지 않고 대부분의 석유 회사를 흡수 통합했고, 미국에서 유통하는 석유의 95%를 장악했다. 시쳇말로 돈 되는 일이라면 무엇이든지 마다하지 않아서 돈밖에 모르는 더러운 자본가라는 소리를 들었다. 그러던 그가 어느 날 중병에 걸려 일 년 이상 살지 못한다는 사형선고를 받게 된다. 그는 마지막 검진을 받기 위해 휠체어를 타고 병원에 갔다가 우연히 병원 복도에 걸려 있는 액자에 쓰인 글을 보게 되었다.

"주는 것이 받는 것보다 더 행복하다."

그 순간 그는 눈물을 흘리면서 그토록 거대한 부를 쌓으면서 한 번도 남을 돕지 않았던 지나온 삶을 돌아보게 된다. 바로 그때 돈이 없어 수술을 못 하고 있는 한 소녀를 보게 된 그는 병원비 전액을 지원한다. 나중에 건강한 그 소녀의 모습을 본 순간 그는 평생 알지 못했던 최고의 행복을 느낀다. 그런데 더욱 놀라운 것은 그 순간 그의 병이 씻은 듯이 나았다. 그 뒤로 그는 시카고대학을 비롯한 수많은 학교와 도서관을 짓고, 수천여 개의 교회를 세웠으며, 거액의 재산을 기부하여 재단을 만들고, 어려운 사람들을 도왔다. 그가 바로 석유왕이자 기부왕인 존 록펠러John D. Rockefeller다. 그는 자서전에서 이렇게 회고했다.

"갑부로 살아온 인생 전반기 55년은 늘 쫓기면서 살았지만, 나누며 살아온 후반기 43년은 정말 행복했습니다."

베푸는 데 나중은 없다

참을 걸…, 즐길 걸…, 베풀 걸…. 죽기 전에 사람들이 후회하는 세 가지라고 한다. 이 가운데 베푸는 것의 행복은 베풀어본 사람만이 안다. 우리는 연예인이나 스포츠 스타의 자선 미담, 또는 기업들의 기부 미담을 전하는 언론 기사를 심심찮게 접한다. 그런가 하면 노점상을 하거나 폐지 줍기로 어렵게 모은 돈을 장학금으로 쾌척한 감동적인 사연이 심금을 울리기도 한다. 요즘에는 매달 소액을 기부금으로 자동이체하는 숨어 있는 기부자들도 많다. 작은 돈이지만 지속적인 실천이 세상을 변화시키기도 한다. 대개 한 달에 만 원 안팎인 소액 기부는 커피 두 잔만 덜 마시면 누릴 수 있는 행복이다.

꼭 돈이나 물질이 아니더라도 얼마든지 기부를 할 수 있다. 재능 기부도 있고, 다양한 봉사 기부도 있다. 요즘에는 그런 봉사를 돕는 사이트가 있어서 나에게만 집중하던 시선을 조금만 밖으로 돌리면 봉사로 누릴 행복은 얼마든지 쉽게 찾을 수 있다.

"선행이 쌓이면 좋은 일을 만날 것이요, 악행이 쌓이면 나쁜 일을 만날 것이다. 깊이 생각해보라. 천지는 어긋남이 없다"라는 불경의 말씀처럼 덕을 쌓고 선행을 하는 자에게는 하늘이 반드시 복으로 보답하지 않겠는가. 혹시 언젠가는 '좋은 일을 해야지'라고 생각만 하고 있다면《논어》의 '선행기언이후종지(先行其言而後從之)'를 마음에 새기고 당장 좋은 일을 시작해보자. 이는 "말을 하기에 앞서 실행에 옮기고 자신이 행한 바대로 말하라"라는 뜻이다.

이제는 901플래너에 있는 3가지 습관, 즉 독서, 운동, 선행 중 하나인 선행 칸에 작게나마 날마다 실천하고 있는 선한 행동을 채워보자. 901플래너가 '90일 행복한 플래너'로 한층 업그레이드될 것이다.

H	○	독서(智)
H	○	운동(體)
H	○	선행(德)

* H : habit(습관)의 약자

166

아날로그에는
특별한 것이 있다

━━━━━━ 4차 산업혁명의 시대가 열렸다며 다들 한 마디씩 보탠다. 이에 대비하지 않으면 안 된다고 아우성치니 나도 뭔가 변해야 할 것 같은 분위기다.

인공지능 시대, 아날로그의 존재 이유

세계경제포럼WEF의 회장 클라우스 슈밥Klaus Schwab이 2016년 스위스 다보스포럼에서 처음 언급하면서 주목받게 된 4차 산업혁명은 정보통신기술ICT 기반의 새로운 산업 시대를 대표하는 용어가 되었다. 프로기사 이세돌과

인공지능AI 바둑 프로그램 알파고의 역사적인 대국에서 AI의 상징이던 알파고가 완승을 한 사건은 세계인들에게 커다란 충격이었다.

그런데 이제는 '디지털 시대'라는 용어도 무색해지는 이때 종이에 뭔가를 기록하고 관리한다면 구석기 시대 사람 아니냐는 조소 섞인 말을 들을지도 모른다.

하지만 '구석기'를 방불케 하는 아날로그 방식의 종이와 펜을 사용한 기록이 우리에게 값진 선물을 주기도 한다. 그리고 지금까지 그랬듯이 앞으로도 많은 사람이 아날로그 방식을 사용할 것이라고 생각한다.

어떤 것을 간절히 원할 때 반복적인 기록이 효과적이라는 사실은 이미 뇌 과학에서 증명되었다. 그렇다면 반복적인 기록을 손으로 쓰는 대신 자판으로 타이핑하면 어떨까? 타이핑은 손으로 쓰는 효과와 같을까?

손으로 기록할 때 활성화되는 뇌가 전두엽이다. 전두엽은 대뇌반구의 전방에 있는 기관으로, 기억력과 사고력을 관장하며 다른 연합영역에서 들어오는 정보를 조정하고 행동을 조절한다. 또한 추리, 계획, 운동, 감정, 문제해결에 관여한다.

따라서 손으로 기록하는 동안 전두엽이 활성화되어 꿈을 달성할 수 있는 창의적인 아이디어가 떠오를 수도 있다. 또한 어려움에 처했을 때 헤쳐나갈 수 있는 동력을 얻을 수도 있다. 쓰는 동안 에너지를 불어넣고 우리의 마음을 싣기 때문이다.

반면 박상배 대표가 《현장 본깨적》(다산3.0, 2017)에 소개하고 있는 내용에 따르면, 자판을 두드려 기록할 때 활성화되는 뇌를 기저핵이라고 한다. 기저핵은 운동 통제에 관여하는 것으로 알려져 있다. 반복적으로 자판을 두드려 타이핑하면 학습으로 몸이 기억할 수는 있지만 사고력의 확장으로 이어지지는 않는다고 한다. 그저 손가락 운동에 머무는 셈이다.

손으로 쓰는 것의 10가지 효용

그렇다면 손으로 기록할 때 얻을 수 있는 유용한 점들에는 무엇이 있을까?

✽ 실행력이 강해진다.

1. 플래너를 손글씨로 채울 때 간절한 마음이 깃든 만큼 실행력이 높아진다.

2. 계획을 얼마나 실행했는지 중간중간 점검하고 메모하면서 실행력을 올릴 수 있다.

✽ 창의력이 향상된다.

3. 전두엽이 활성화되어 창의력이 향상된다. 문제해결 능력뿐 아니라 정보처리 능력도 좋아진다.

4. 미팅하다가 언뜻 떠오른 아이디어를 즉시 메모해두었다가 유용하게 활용할 수 있다. 불현듯 떠오른 아이디어는 즉시 메모하지 않으면 연기처럼 사라져버린다.

✽ 메모는 신뢰를 높인다.

5. 상사나 거래처로부터 좋은 평가를 받을 수 있다. 메모하는 태도는 상대방에게 신뢰를 주어 매사에 긍정적인 영향을 끼친다.

6. 구성원을 존중하고 경청하는 리더로 인식된다. 실제로 업무지시나 이행 확인 과정에서 메모는 긴요하게 쓰여 리더십의 일관성을 갖는다.

✱ 아날로그와 디지털의 병행은 시너지를 만든다.

7. 디지털 도구와 함께 쓰면 시너지 효과를 낼 수 있다. 메모 내용을 DB화할 경우 스마트폰으로 사진을 찍거나 스캔하여 클라우드 기반의 DB 활용 어플인 에버노트(Evernote) 등에 저장하여 활용한다. 일정은 플래너 일정표에 펜으로 기록하고, 스마트폰의 디지털 일정표에도 함께 입력하여 착오를 방지한다.

✱ 기록은 향기 나는 유산이 된다.

8. 플래너에 쓴 기록은 자기 삶의 나이테와 세월의 갈피를 남긴다. 그래서 때로는 감동을 주기도 하고 성찰의 시간을 주기도 한다.

9. 내가 죽고 나서 자손들에게 향기 나는 유산이 될 수 있다. 유사 이래 손으로 쓴 기록은 대개 빛나는 문화유산이 되고 있다.

✱ 펜만 있으면 쓸 수 있다.

10. 펜만 있으면 언제 어디서나 쓸 수 있고, 고장 날 염려가 없다. 자기가 좋아하는 펜이라면 쓸 때마다 기분이 좋아지는 것은 특별한 선물이다.

디지털 방식은, 기능이 향상된 새로운 프로그램을 설치하거나 장비를 교체하면 기존에 사용하던 프로그램을 중단함으로써 그동안 기록해놓은 정보가 함께 사라지는 경우가 있다. 업그레이드된 프로그램에서 활용할 수도 있으나 한번 방치해놓으면 까맣게 잊고 사는 경우가 의외로 많다.

하지만 메모하는 습관을 만들면 상황이 달라진다. 잘나가는 조직의 상위 리더 중에는 메모 기술이 뛰어난 사람이 많다. 처음에는 매일 체계적으로 기록하는 습관을 들이기가 어렵지만, 몸에 익히면 삶의 일부처럼 익숙해져 날마다 성장하는 자신을 발견할 수 있을 것이다.

나는 인사팀장으로 있을 때 많은 경력사원의 채용에 관여했고, 그들이 일하는 과정을 지켜볼 기회가 있었다.

유수한 컨설팅 회사 근무 경력을 지닌 입사자들에게 공통으로 관찰되는 점이 있었다. 컨설턴트 출신들은 미팅할 때 항상 노트에 메모하는 습관이 배어 있었다. 그들은 대부분 다양한 크기의 대학 노트를 활용하고 있었으며, 논리적으로 때로는 구조적으로 메모하는 듯했다. 또한 메모 노트를 아주 귀중하게 여겼다. 그들의 회의 기록은 향후 자신에게 축적된 정보로서의 가치를 충분히 발휘할 것이라는 강한 믿음을 가지고 있었다. 필자도 이런 경험 때문에 메모하는 습관을 들였으며, 기록해놓은 정보는 업무에 요긴하게 활용하고 있다.

기록은
성찰이자 성장이다

누구나 매일 하루라는 선물을 받는다. 그 선물을 잘 활용하는 날도 있지만 아쉬움이 남는 날이 더 많다. 우리의 인생은 그런 나날들의 연속인 것 같다. 어떤 이는 아쉬운 날을 줄이기 위해 일기를 쓰며 하루를 성찰하기도 한다.

기록의 힘

나는 고등학교에 다니는 3년 내내 일기를 썼다. 남해안에서 태어난 나는 당시 인근 지역에서 명문으로 소문난

고등학교에 시험을 치르고 들어갔다. 집을 떠나 타지에서 유학 생활을 한 내 고등학교 시절은 인내의 시간이었다. 대학 입시를 앞둔 고등학교 시절은 예나 지금이나 누구에게든 힘든 시기이다. 시골에서 공부 좀 한다고 명문고에 들어가긴 했지만, 웬만큼 열심히 해서는 도무지 오를 줄 모르는 성적 때문에 그 시절 얼마나 힘들었던지 지금도 생각하면 마음이 저린다.

바로 그때 내게 힘을 주고 중심을 잡아주는 역할을 했던 것이 날마다 일기 쓰는 일이었다. 그렇게 쓴 일기가 1년에 한 권씩 세 권이 되었다. 그래서 필자는 그 일기장을 지금도 애지중지 보관하고 있다. 우리 아이들이 힘든 청소년기를 보낼 때 부끄러움을 무릅쓰고 그 일기장을 보여주었다. '아무리 힘들어도 잘 견뎌내 달라'는 아빠의 마음이었다.

세월이 흐른 후 다시 일기를 써보고 싶은 마음이 들었지만 내 속마음을 글로 남기기가 부담스러웠다. 내가 언젠가 이 세상을 떠난 후에 남겨질 일기장. 가족을 포함하여 누군가가 내가 드러내고 싶지 않은 모습까지 가감 없이 보게 될 것이라는 사실이 자꾸 주저하게 했다. 그렇다고 누구에게 보여주기 위해 그럴싸하게 포장해서 일기를 쓸 수도 없는 노릇 아닌가. 그렇게 망설이며 수년이 흘렀다.

일석삼조의 901플래너

이런 고민을 하고 있던 필자에게 마침 부담 없이 일기처럼 쓸 수 있는 대안이 생겼다. 플래너를 활용해 하루를 계획하고, 열심히 산 흔적을 남기고, 성찰을 통해 하루를 마무리하는 일이다. 또한 플래너에 오늘 할 일뿐 아니라 감사한 일들을 기록하면서 하루를 돌아보는 성찰의 시간을 갖는다. 잘한 일을 기록할 때면 오늘 하루도 잘 살아준 내가 스스로 자랑스럽다. 실수를 했거나 아쉬운 점이 있으면 간단히 기록하고, 개선해서 더 나은 내일을 맞아야겠다고 다짐한다. 가끔은 어떤 상황에서 느낀 감정을 기록하기도 하는데, 그럴 때는 일기를 쓰는 기분이어서 쓰고 나면 홀가분하다.

얼마 전, 대학 다니는 딸에게 무슨 일로 화를 낸 적이 있었다. 하루를 돌아보면서 미안한 마음이 들었다. 딸의 상황을 잘 알지 못하면서 무턱대고 화부터 낸 것이 후회되었다. 그런 일련의 과정을 플래너에 기록하고 나니 혼란스러운 생각이 정리되면서 마음이 한결 가벼워졌다.

며칠 후에 딸과 이야기를 나눴는데, 딸은 그때 일로 아직도 서운한 감정을 가지고 있었다. 그래서 아빠가 네 상황을 좀 더 이해하지 못하고 화를 내서 미안하다고 사과했다. 그때 미안한 마음을 기록해두었던 플래너를 보여주면서 나의 진심을 전했다. 딸도 말로만 사과하기보다는 진심이 담긴 기록을 보여주니 미안해하는 내 마음을 더 잘 이해하는 것 같았다.

신뢰는 자기 성찰에서 나온다

필자는 리더십 강의와 코칭을 하고 있다. 대기업 인사팀장으로 근무하면서 또는 리더십 분야를 공부하면서 '리더십은 상호 간의 신뢰를 기반으로 성과를 만들었을 때 굳건해진다'는 점을 알게 되었다. 조직 구성원들이 원하는 리더십의 모습도 별반 다르지 않았다. 그렇다면 신뢰는 어디서부터 쌓아가야 할까?

"신뢰는 자신에 대한 신뢰로부터 시작된다."

세계적인 리더십 전문가 스티븐 코비Stephen Covey 박사의

신뢰의 5가지 차원

신뢰에 대한 통찰이다. 그가 저술한 《신뢰의 속도Speed of Trust》(김영사, 2009)에서, 내면에서 시작해 외부로 향하는 신뢰의 전파 과정을 '신뢰의 5가지 차원(물결)'으로 설명하고 있다. 그는 자신과 다른 사람에게 신뢰할 만한 사람이 되는 것이 무엇보다 중요하다고 한다.

스티븐 코비의 '신뢰의 5가지 차원(물결)'

그렇다면 자신에 대한 신뢰는 어떻게 높일 수 있을까? 효과적인 방법 중 하나는 매일 성찰로 하루를 마무리하는 시간을 갖는 것이다.

오늘 하루 이루어놓은 결과물을 보며 뿌듯한 성취감을

느낄 수 있다. 이루지 못했거나 아쉬웠던 점은 성장의 기회로 받아들이면 된다. 성찰은 자기 신뢰를 높이고 성장의 기회를 제공한다.

중국 고대 하나라의 폭군인 걸왕을 몰아내고 상나라를 연 탕왕은 다음 글을 세숫대야에 새겨놓고 매일 세수할 때마다 보면서 다짐했다고 한다.

"진실로 날마다 새로워지려거든 나날이 새로워지고 또 날로 새로워져라(苟日新日日新又日新)." (대학)

삶을 대하는 이런 태도야말로 나날이 더 나은 삶으로 나아가는 진정한 성찰이 아닐까.

5장

함께 가는
길이
오래 간다

쉬운 삶을 기도하지 말고,

힘든 것을 이겨낼 힘을 위해 기도하라.

_BRAVE KBC

혼자 놀지 말고
일단 기차에 올라타라

━━━━ 골프의 규칙은 아주 간단하다. 클럽이라고 부르는 골프채로 작은 공을 쳐서 홀에 넣을 때까지 타수가 적은 사람이 승리하는 경기다. 골프의 유래로는 몇 가지 설이 있는데, 네덜란드의 콜벤^{kolven}(아이스하키 비슷한 놀이)이 14세기 무렵 스코틀랜드로 전해져 골프로 발전했다는 설이 유력하다. 당시에도 골프의 인기가 지금 못지않았던 모양이다. 스코틀랜드 의회는 공무원이 골프에 너무 열중하여 본업을 소홀히 하고, 군인은 활쏘기 훈련을 소홀히 한다고 하여 1575년에 골프 금지령까지 내렸다니, 골프 열풍이 대단했던 것 같다.

함께하는 집단지성의 힘

골프는 짧은 시간에 마칠 수 있는 스포츠가 아니다. 18홀 1게임을 마치려면 3시간 30분에서 4시간쯤 걸리는데, 길게는 5시간을 넘기기도 한다. 시간이 가장 많이 걸리는 스포츠이고, 그만큼 에너지 소모도 크다. 샷이나 퍼팅 같은 실제로 플레이를 하는 데 쓰는 에너지 말고도 1게임당 걷는 거리가 10킬로미터에 이를 만큼 에너지 소모가 많다.

그런데 이처럼 많은 시간과 에너지를 쏟는 골프를 혼자서 한다면 무슨 재미가 있을까. 설령 그 꿈같다는 홀인원을 한들 무슨 기쁨이 있을까. 재미도 기쁨도 함께 나눌 사람이 있어야 비로소 재미있고 기쁜 것이지, 혼자뿐이라면 오히려 쓸쓸함만 더 깊어질 것이다.

갈수록 사회가 복잡해지고 정교해짐에 따라 그에 따른 문제도 그만큼 복잡하고 난해지고 있다. 따라서 한 사람의 뛰어난 지성에 기대어 해결할 수 없는 문제들이 많아지고 있다. 그에 따라 최근 들어 '집단지성collective intelligence' 개념이 부각되고 있다. 집단지성은 본래 무리 생활을 하는 개미나 벌과 같은 곤충의 생태 연구에서 비롯된 것으로, 학문적으로도 다양한 연구가 진행되고 있다. 간단히 말해 다수의 개체들이 서로 협력하거나 경쟁하는 과정을 통하여 얻게 된 집단의 지적 능력을 일컫는다.

집단지성은 과학, 정치, 경제 등 다양한 분야에서 발현될 수 있다. 집단지성의 대표적 사례로는 인터넷을 기반으로 한 위키피디아와 웹2.0을 꼽을 수 있다. 위키피디아의 발전 과정은 지식·정보의 생산자나 수혜자가 따로 없이 누구나 생산할 수 있고 모두가 손쉽게 공유하면서 계속 진보하는, 집단지성의 특성을 잘 보여준다. 즉 우수한 능력을 갖춘 소수의 전문가가 아닌 다수의 평범한 대중의 통합된 지성이 더 풍부한 콘텐츠를 생산할 수 있다는 것을 전제로 출발했다. 이런 사례는 역사에서도 얼마든지 찾아볼 수 있다.

1989년, 알래스카 해상에서 사상 최악의 원유 유출 사고가 있었다. 미국의 엑슨발데즈Exxon Valdez 호가 2억 리터의 원유를 싣고 가다가 좌초되어 4,000만 리터의 원유를 바다에 쏟아부었다. 당시 1만 명이 넘는 사람들이 방제에 동원되었고, 연간 20억 달러의 비용을 들여 사고를 수습

하려고 했다. 하지만 문제는 17년이 지나도록 해결되지 않았다.

그사이 유출된 원유가 조수를 따라 서남쪽으로 흘러내려 가 수많은 동물의 목숨을 앗아갔다. 바닷새 25만 마리, 바다수달 2,800마리, 바다표범 300마리, 흰머리독수리 250마리, 범고래 22마리가 죽었다.

이를 해결하기 위해 고민하던 국제기름유출연구소(OSRI)는 이노센티브InnoCentive라는 회사에 해결을 의뢰했다. 이노센티브는 '집단지성'의 힘을 활용해 문제를 해결하는 서비스를 제공하는 회사다. 이노센티브는 원유 유출 사고에 관한 문제를 공유했고, 수많은 사람이 아이디어를 제시했다. 이후 단 3개월 만에 17년간 해결하지 못했던 문제가 해결되었다.

사공이 많으면 배가 산으로 간다고?

한국플래너협회에서 사용하는 '901플래너'도 위와 같은 구조를 가지고 있다. 개인 혼자서는 작심삼일(作心三日)의 굴레를 벗어나기란 여간 어려운 일이 아니다. 지금까지 여러분이 세웠던 숱한 계획 가운데 성공적으로 목표를 달성했던 적이 과연 얼마나 되는가? 계획한 일을 중도에서 포기한 적이 더 많다면 당신은 그 이유가 뭐라고 생각하는가?

901플래너 사용자들은 플래너에 매일 자신의 계획을 기록하면서 카페와 단체카톡방이라는 집단지성 툴을 이용해 대부분 목표를 성공적으로 달성하고 있다. 또한 하드웨어인 901플래너는 지금까지 버전 33까지 집단지성의 힘으로 끊임없이 업그레이드되었다. 물론 여기에서 그치지 않고 함께 플래너를 쓰면서 지금도 계속 업그레이드 중이다.

어떤 상황에서 문제를 해결하지 못하는 이유는 해결 방법이 어려워서라기보다 쉬운 방법을 미처 생각하지 못해서 일 수도 있다. 해결 방법은 생각보다 간단명료하다. 너무 당연하다고 여겨 생각지 못한 부분도 있을 것이다. 그렇다면 일단 우리의 플랫폼에 함께 타보기를 권유한다.

물론 "사공이 많으면 배가 산으로 간다"라는 속담은 자기 주장만 내세우면 될 일도 안 된다는 의미로 간섭이나 참견을 부정적으로 보지만, 좋지 않은 결과가 도출되었을 때나 그렇지 만약 좋은 결과를 얻을 수 있다면 그 간섭과 참견은 조언과 격려라는 긍정적인 말로 바뀔 수 있다. 최근에는 집단지성에 관한 좋은 사례들이 많아지면서 사공이 많으면 배가 산으로 가는 것이 아니라 더 빠르고 안전하게 항해할 수 있다는 말을 한다.

다시 골프 이야기로 돌아가보자. 스코틀랜드 이민자들이 골프를 처음 도입한 미국에서는 1888년에 이르러 골프 클럽이 결성되었다. 유럽보다 300년이나 늦은 짧은 역사에도 불구하고 미국은 현대 골프를 대규모로 산업화하여 골프 산업의 중심이 되었다. 오늘날 한국을 비롯한 아시아 선수들이 미국 무대(특히 LPGA)에서 두각을 나타내기 전까지는 PGA든 LPGA든 거의 미국 선수들의 독무대이다시피 했다. 그런 가운데 미국의 골프 투어가 바로 세계 투어로 급부상했다. 이제 나머지 투어들은 모두 변방으로 여겨졌다.

그 이유는 무엇일까? 미국은 일찍이 1916년 PGA(미국 프로골프협회)를 창설하면서 세계 최고의 골프 무대로 성장할 수 있는 기반을 탄탄히 다졌다. 골프 게임의 중요한 룰인 '함께'한다는 의미를 접목한 협회를 창립하여 집단지성의 힘으로 체계적인 시스템을 구축한 것이다.

　이렇듯 당신 개인의 꿈과 목표를 온전히 달성하기 위해서는 꿈을 함께 꾸는 동행이 필요하다. 주위에 당신의 꿈을 충분히 이해하고 응원하는 사람들이 많으면 많을수록 좋다. 따라서 꿈을 이루려면 혼자 놀지 말고 일단 기차에 올라타야 한다.

멘토는
어떻게 찾지?

━━━━━ 필자는 40대 중반에 주례를 선 적이 있다. 나와의 인연으로 만난 애제자 둘이 신랑 신부로 맺어져 주례를 청해 왔다. 쑥스럽지만 그들의 간청으로 어쩔 수 없이 승낙할 수밖에 없었다. 그때 내 주례사의 요지는 간명했다.

"부부간에 존경하세요."

사랑과 존경의 차이

존경이 사랑보다 더 위이거나 귀해서가 아니라 그 반대

여서다. 사랑은 완벽한 것이다. 사랑은 조건이나 이유가 있으면 안 되는 그 자체다. 모든 것을 줄 수 있으며 상대가 변했다고 바뀌지는 않는다. 부모의 사랑이 바로 그렇다.

그러나 존경심은 좀 다르다. 내가 못 하는 것을 잘하는 사람, 나의 부족한 점을 완벽하게 갖춘 사람을 보면 우리는 존경심이 생긴다. 진화론으로 보면, 개체는 자기에게 부족한 유전자를 가진 이성에게 끌린다고 한다. 그래야 유전적으로 우성의 2세를 출산할 수 있기 때문이다. 그렇듯 사랑에 빠진다면 자신에게는 부족한 유전자를 가진 상대에게 끌리는 것이고, 부러움과 존경하는 마음이 있기 때문이리라.

반대로 생각하면 나의 강점을 상대방이 가질 확률은 낮다. 결혼해서 콩깍지가 벗겨진 후 상대가 정확히 보이기 시작하면 실망스럽고 마뜩잖게 여겨진다. 결혼 전에 가졌던 상대에 대한 존경심은 눈 녹듯 사라지고 단점만 보인다. 멘토에게 느끼는 감정도 이와 비슷한 것 같다.

흔히 내 인생에 가장 중요한 영향력을 끼친 사람을 멘토로 삼는다. 부모님이나 학창시절의 은사님일 수도 있고, 직장 상사나 동호회 선배일 수도 있으며, 역사책에 등장하는 위인일 수도 있다. 그러나 그들마저도 완벽한 사람은 없다. 다만, 내가 가지지 못한 부분을 닮고 싶어서 멘토로 삼는 것이니, 반드시 모든 면에서 완벽한 사람일 필요는 없다. 그는 당신보다 친구 관계가 안 좋을 수도, 건강이 부실할 수도 있다. 취미 하나 없는 일 중독자로 연구실에서 말년에 외롭게 이 세상을 떠나는 외골수일 수도 있다. 그러니 멘토라고 해서 그의 모든 점을 존경할 필요는 없다.

훌륭한 점만 취해 멘토로

우리는 성공한 사람들의 이야기를 좋아한다. 서점에 가보면 성공한 사람들의 습관이나 가치관에 관한 책들이 무수히 많다. 그런 성공을 자신도 이룰 수 있기를 바라며 성공한 사람들의 말에 귀기울이고, 그들이 한 말은 모두 진실인 것처럼 믿고 따른다.

그런데 진실이 아닌 부분도 있을 거라는 생각을 해본 적은 없는가? 아마 대부분은 의심하지 않는 듯하다. 왜냐하면 성공한 사업가의 성공 이력이 그가 하는 말을 뒷받침해주기 때문이다. 심리학에서는 이것을 후광효과halo effect라고 하는데, 어떤 사람의 한 가지 특성 혹은 견해가 기준이 되어 다른 모든 특성을 판단하는 데 영향을 미치는 것을 말한다.

자신이 알고 있는 멘토의 삶과 세간에 알려진 이야기는 실제와 많이 다를 수 있다. 대표적인 사례가 성공한 기업가의 아이콘인 스티브 잡스다. 그가 이루어낸 업적은 분명 대단하지만, 실제로 그는 '완벽한 기업가'라는 타이틀과는 거리가 멀었다. 이를 철저히 파헤친 책이 제프리 영Jeffrey S. Young과 윌리엄 사이먼William L. Simon이 쓴 《iCon 스티브 잡스》와 스티브 잡스의 공식 전기로 월터 아이작슨Walter Isaacson이 쓴 《스티브 잡스》다. 두 책에 나와 있는 잡스의 모습은 표면적으로 드러나보이는 멋진 기업가로서의 모습과는 사뭇 다르다. 잡스는 오히려 오만한 성격에다 결점투성이다. 게다가 사귀던 크리스앤이 딸을 낳았지만 자신의 딸이 아니라고 주장하는 등 이해하지 못할 행동을 하기도 한다. 따라서 스티브 잡스에게 우리가 배울 점은 열정과 끊임없는 도전이지 그의 도덕성이나 기부에 대한 인색함은 아닐 것이다.

이렇듯 존경하는 사람에게 모든 것을 기대할 필요 없

다. 멘토는 그의 어떤 한 분야의 스승이지 모두 완벽한 성인이 아니다. 성인이라 해도 단점은 있다. 세계적으로 존경받는 테레사 수녀에게 기술에 대한 조언을 구할 수는 없지 않는가.

그래서 901플래너는 8인의 스승을 구하라고 권한다. 여기서 주의할 점이 있다. 협의의 멘토라 하면 내가 실제 교류할 수 있는 사람을 말한다. 그러나 여기서 말하는 '8인의 스승'이라 하면 직접 알지는 못해도 그의 저서나 미디어를 통해 알려진 업적 등으로 가르침을 받을 수 있다.

분야별로 모신 8인의 멘토

먼저 정신적·종교적인 면에서 두 분의 스승을 찾는다. 이미 종교를 가진 사람이라면 자신의 종교 지도자 중에 존경하는 분을 정하면 되고, 종교가 없는 사람이라면 주변에 도움을 받을 만한 정신적 스승을 찾아보자.

필자의 정신적 스승이자 첫 번째 스승은 이순신 장군이다. 위기의 순간에 적은 밖이 아닌 내 안에 있음을 깨닫게 해주었다. 《손자병법》에 나오는 구절인 '지피지기(知彼

知己)'를 이순신은 《난중일기》에 '지기지피(知己知彼)'라고 썼는데, 나를 먼저 아는 것이 중요하다는 의미이다. 그는 12척의 배로 300척이 넘는 왜선을 상대한 명량해전에서 두려움을 용기로 바꿔 전쟁을 승리로 이끌었다.

두 번째 스승이자 종교적 스승은 법륜 스님으로 정했다. 필자가 비록 불교 신자는 아니지만 그분의 '즉문즉설(卽問卽說)' 방송에 자주 등장하는 "되면 되어서 좋고 안 되면 안 되어서 좋다"라는 말이 가슴에 와 닿았기 때문이다. 어떤 시도를 했을 때 성공하면 좋지만 실패했을지라도 그 안에서 배우는 점이 있다면, 그 실패가 나중에 지금의 작은 성공보다 더 큰 성공을 불러올 수도 있기 때문이다.

그다음으로 '물질과 부' 면에서는 '경주 최부자'와 '이영권 박사'를 스승으로 삼았다. 우리가 흔히 성공했다고 일컫는 사람들은 대부분 부자가 된 사람들이다. 부가 성공의 필수조건은 아니지만 내가 하고자 하는 일을 할 때 경제적 자유가 없다면 사실 어려운 점이 많다. 성공이란 내가 목표하는 것을 이루는 것이지만 다른 사람에게 인정받는 것도 중요하다. 때론 더 의미 있는 일을 하려면 경제적인 조건이 중요할 수도 있기 때문이다.

세 번째 스승인 '경주 최부자'는 책을 통해서 만났다. "흉년에 땅 사지 마라"라는 최씨 가문의 대를 이어 온 전통이다. 남의 어려움을 이용해 부를 축적하지 말라는 의미의 말이리라.

네 번째 스승인 이영권 박사는 10여 년간 교류하며 옆에서 필자에게 많은 조언을 해주었다. 그는 평소에 인맥 관리를 잘하기로 유명한데, 매일 3명 이상의 지인에게 뜬금없는 안부 전화를 한다. 필자 역시 그로부터 석 달에 한 번씩 정기적으로 안부 전화를 받았던 기억이 난다. 그는 또 문자가 오거나 누군가 홈페이지 방명록에 글을 남기면 3시간 이내에 답장하는 것을 철칙으로 여겼으며 죽을 때까지 그 약속을 지켰다.

다섯 번째 스승은 건강 멘토 '이동환 원장'이다. 그는 예방의학 전문가로 현재 방송활동을 활발히 하고 있다. 유튜브를 통해 그의 저서와 채널을 보면서 평소 스트레스와 영양 관리를 배우고 있다. 이처럼 자주 만날 수 없는 사이라도 책이나 영상을 통해서 도움을 받을 수 있다.

가장 중요한 줄 알면서도 소홀하기 쉬운 것이 건강이다. 매일 정신 없이 일상에 쫓기다 보면 바쁘다는 핑계로,

또는 목표를 빨리 이뤄야 한다는 강박으로 건강을 해치는 사람이 많다. 앞서 말한 스승 이영권 박사도 건강이 나빠져서 61세의 한창나이에 세상을 떠났다. 건강했다면 더 많은 제자에게 꿈을 이루게 해주었을 텐데 말이다.

여섯 번째 스승은 기술 분야의 인물이다. 4차 산업혁명 시대, 이제는 누구도 과학기술에서 자유로울 수 없다. 스마트폰과 인공지능 로봇은 이제 일상생활에 없어서는 안 될 것들이다. 이런 IT 기기를 잘 다루지 못한다면 주변 지인 가운데 분명히 그 기술에 밝은 사람이 있을 것이므로 그를 스승으로 모셔라. 또한 성공한 과학기술자는 어떻게 창의적인 발상을 하는지 배워보자. 나는 테슬라의 창업자 엘론 머스크Elon R. Musk를 멘토로 삼았다. "최고를 만들기 위해서는 부정적인 피드백을 들어야 한다"라는 그의 말은 필자가 플래너에 적어놓은 명언 중 하나이다.

일곱 번째는 '취미' 분야에서의 스승으로 손수오 교수를 삼았다. 취미가 없는 삶이란 윤활유가 없는 엔진과 같다. 삶에 윤활유가 없다면 과열되어 폭발할지도 모른다. 적절한 휴식과 취미생활은 재충전에 꼭 필요한 요건이다.

나는 시간 날 때마다 노래를 부른다. 성악곡이나 뮤지

컬 노래를 좋아하는데, 목소리가 워낙 커서 주로 운전할 때 차 안에서 부른다. 장거리 운전을 하거나 졸음이 밀려올 때 휴게소에서 잠깐 노래를 부르면 정신이 맑아진다. 나의 성악 스승인 손수오 교수는 공명에 조예가 깊은데, 그를 만난 후 내 목소리가 더 좋아졌다.

끝으로 개인 멘토다. 이 부분만큼은 가까운 분을 스승으로 모시려고 한다. 은사님이나 부모님이 좋은 예다. 나에게 직접적인 영향을 미친 분들이 평소 나에게 한 말들을 떠올려보자.

"효석아, 시간 약속과 돈 약속은 반드시 지켜야 한다."

필자의 어머니가 나에게 늘 귀에 못이 박이도록 한 말이다. 그 덕분에 지각이라는 것을 싫어하고 빚지고는 못 사는 성격이 되었다.

지금까지 필자의 8인의 스승을 소개했다. 이처럼 각 분야의 전문가나 성공한 대상을 정하고 그들이 평소에 자주 하는 말을 가슴에 새기고 실천해보자. 생각으로만 그치지 않고 901플래너에 적다 보면 정리가 되고 실천할 확률도 높아진다. 다음은 8인의 멘토가 당신에게 어떻게 조언할 수 있는지를 알아보자.

8인의 스승에게
묻다

—————— 살다 보면 누구나 위기를 맞는다. 그 위기에서 우리는 잘못된 선택을 할 때가 있다. 지금 생각해보면 그때 내가 왜 그랬는지 후회스럽지만, 당시 내가 정보에 어두웠거나 경험이 부족해서라고 치부해버리기에는 결과가 너무 아쉽다. 그러나 평소 내게 잘못된 선택을 바로잡아주는 멘토가 있다면 어떨까?

멘토들에게 던진 물음

물론 직접 만나서 물어보고 답을 들을 수 있으면 얼마

나 좋겠는가. 하지만 어떤 경우에는 나의 사적인 이야기를 물어보기 민망할 수도 있고, 문제가 발생할 때마다 또는 위기에 처할 때마다 8명의 멘토를 매번 찾아다닐 수는 없다.

그렇다면 이럴 때는 어떻게 하는 게 좋을까? 역지사지(易地思之)로 멘토의 입장에 서서 나의 고민을 들여다보는 방법이 있다. 내가 멘토에게 조언을 구했을 때 멘토는 나에게 어떻게 조언해줄까, 스스로 생각해보자.

"901플래너를 만나고 10만 명에게 이 플래너를 쓰게 하겠다는 목표를 설정했는데, 생각만큼 일이 진척되지 않습니다. 더 빠르게 보급하는 방법은 없을까요?"

나는 이런 고민을 앞에서 선정한 8명의 스승에게 물어본 후 스스로 답을 찾아보았다.

8인 8색 멘토들의 명답

종교적 스승인 법륜 스님은 이렇게 대답했을 것 같다.

"조금만 다르게 생각해보면, 당신은 이미 실천하고 있다. 주변에 좋은 인맥이 있고 지금 차근차근 하고 있지 않은가? 되면 되어서 좋고 잘 안 되면 안 되어서 좋은 일도 있는 법. 너무 서두르지 마라.”

그런가 하면 정신적 스승인 이순신 장군은 “나는 13척으로 300여 척의 배를 상대해서 승리를 거두었다. 불안해하지 마라. 적은 내 안에 있다. 의심하지 말고 정진하라”라고 말하지 않았을까?

소통의 달인 이영권 박사는 이렇게 조언했을 것이다.

“평소에 연락 한 번 없다가 플래너 교육에 오라고 하면 도와주겠는가? 매일 세 사람씩 꾸준히 안부를 묻고, 그 이후에 다시 연락해서 비즈니스를 해라.”

그렇다면 부자의 자세를 가르쳐준 경주 최부자는 필자에게 어떤 조언을 할까? “혼자 이익을 취하려 하지 말고 먼저 챙겨주고 나눠라. 강사들이 돈을 번다는 것은 901플래너 수업을 듣는 사람이 많아졌다는 것이고, 그러면 그들 중에 강사가 되려는 사람도 늘 것이 아닌가? 결국 강사를 돈 벌게 해주는 것이 너의 성공이다”라고 말하지 않을까?

한편 기술 멘토인 엘론 머스크는 “무턱대고 목표만 높게 실정한 것은 아닌가? 강의를 더 검증해보고 주변의 조언을 들어라”라고 말할 것 같다. 그가 평소에 강조한 “부정적인 피드백을 들어라"라는 말로 유추해본 것이다.

건강 멘토의 조언도 귀담아들어야 한다. 필자의 건강 멘토는 예방의학 전문가 이동환 원장이다. 그는 강의나 저서를 통해 '피로'와 '스트레스'에 관한 이야기를 많이 한 분이다. 이를 바탕으로 답을 찾아본다. 그는 이렇게 말하지 않았을까?

"목표에 대한 열정도 좋지만 지나치면 집착이 될 수 있다. 혼자가 아닌 더불어 성장이 비전이라면서 자칫 책임감 때문에 일을 너무 과하게 맡을 수 있다. 그렇더라도 절대로 잠을 줄이지는 말 것"이라고 충고할 게 뻔하다.

필자의 노래 스승인 손수오 교수는 아마도 이런 조언을 해줄 것 같다.

"성악은 입이 큰 친구가 작은 친구보다 유리하다. 입을 크게 벌리면 더 많은 공명이 생기기 때문이다. 그러나 꾸준히 연습하면 입속 공간인 피연연골이 자연스럽게 열려서 훌륭한 공명을 만들게 된다."

우리는 태어나면서 악기 하나씩을 선물 받는다. 관악기의 일종인 '목소리'다. 목소리가 바뀌면 인생이 바뀐다.

끝으로, 평소에 근면성실과 신의를 몸소 실천하는 나의

어머니는 보나 마나 또 이렇게 아들을 가르칠 것이다.

"시간 약속 잘 지켜라. 그리고 줄 돈 있으면 한시라도 빨리 갚아라."

결국 답은 자기 안에 있다

필자는 이렇게 해서 평소 존경하던 스승들로부터 답을 찾았다. 그리고 스스로 내린 해결방안은 다음과 같다.

- 조급하게 생각지 말고 나 자신부터 꾸준히 플래너를 사용한다.
- 매일 세 명 이상의 강사 후보들에게 안부 인사를 한다.
- 플래너 강의안을 잘 만들어서 강사들에게 무상으로 보급한다.
- 교육담당자 연락처를 잘 정리해서 한꺼번에 프로모션한다.

이렇게 답을 찾을 수 있었던 것도 901플래너를 사용한 덕분이다. 결국 답은 내 안에 있다.

나도 그때
매타작을 받았더라면

━━━━━ 루게릭병을 앓으며 죽음을 앞둔 한 저명한 사회학 교수. 보스턴의 어느 교외 지역, 그는 히비스커스 화분이 있는 서재에 앉아 숨을 들이쉰 다음 내쉴 때까지 숫자를 헤아리면서 자기 죽음이 어디까지 가까워졌는지를 가늠해본다.

그리고 디트로이트의 한 신문사에서 대학 시절 그의 수업을 하나도 빠짐없이 수강하며 열정적인 꿈을 꾸던 제자. 그는 바쁘게 돌아가는 일상 때문에 졸업 이후에도 계속 연락하겠던 스승과의 약속을 저버린 채 일에 끌려다니며 하루하루를 보낸다. 우연히 텔레비전을 통해 삶의 끝을 향해 가고 있는 옛 은사의 모습을 보지 못했더라면 그는 아마 지금도 사회적 성공과 야망을 향해 질주하고 있을 것이다.

스승은 어떤 존재인가

《모리와 함께한 화요일》(세종서적, 1998)은 영혼의 결핍을 느끼고 있던 제자 미치가 옛 스승 모리를 찾아감으로써 시작된다. 미치는 서너 달에 걸쳐 매주 화요일마다 만나서 모리 교수와 함께 인생 이야기를 나눈다. 그들의 대화 주제는 세상, 가족, 죽음, 자기 연민, 사랑 등이다. 이는 미치뿐 아니라 이 세상 사람 모두 치열한 삶으로 인해 잃어버렸던 것들을 되찾아가는 과정이기도 하다.

"스승이 지닌 능력의 비밀은 인간을 변모시킬 수 있다는 확신이다."

미국 시인 랄프 에머슨Ralph Emerson의 이 말은 모리 교수가 가진 '스승으로서의 가치'를 제대로 설명한다. 위대한 스승은 인생의 의미를 깨우치고 상대방을 변화시키는 사람이기 때문이다. 모리 교수는 인생의 스승으로서, 사후에도 많은 사람의 삶과 관계를 맺고 있다. 이들이 삶에서 놓치고 있는 많은 것들을 되찾아주는 멘토 역할을 하면서 말이다.

미국 작가 미치 앨봄Mitch Albom이 쓴 《모리와 함께한 화요일》은 41개 언어로 번역되어 1,400만 부가 팔린 세계적인 베스트셀러다.

브랜다이스대학교 사회학과 교수로 학생들을 가르쳐온 모리 슈워츠Morrie Schwartz 교수는 실제로 1994년 루게릭병에 걸려 1995년 11월 4일에 사망했다. 특히 죽음을 앞두고 TV에 출연하여 전 세계에 살아있음의 소중함을 일깨워 큰 감동을 안겨 주었다.

당신은 그리운 스승이 있는가? 누가 이렇게 묻는다면 뭐라고 대답할 것인가? 필자는 부끄럽게도 대학을 졸업하도록 인생에서 그리운 스승이 한 분도 없다. 그렇다고 학교생활을 대충 한 것도 아니다. 이른바 공부 잘하는 모범생으로서 일류 코스를 밟아 우수한 성적으로 대학까지 마쳤다. 그런데 왜 그리운 스승이 한 분도 없을까?

정말이지 긴 시간 동안 심각하게 곰곰이 생각해보았다. 그래서 마침내 해답의 실마리를 찾았고 근원적인 문제를 발견할 수 있었다. 그것은 놀랍게도 '공부를 잘했다는 것'에 있었다.

필자는 공부를 무척 잘했다. 초등학생 때부터 대학생 때까지 학창시절 내내 반 1등은 도맡다시피 했고 전교에서 10등 밖으로 벗어나 본 적이 없었다. 알다시피 한국 사회에서는 공부를 잘한다는 것만으로도 많은 혜택을 누릴 수 있다. 시간이 지나 인생의 모진 풍파를 겪어본 지금 생각해보면 '공부를 잘한다는 것'은 여러 가지 중 하나의 장점일 뿐 별것도 아닌데 말이다.

인생의 독배가 된 '우대권'

중학교 2학년 1학기 때였을 것이다. 쉬는 시간에 복도에서 우유 팩을 접어 차기 놀이를 하다가 혼난 기억이 있다. 당시 그 놀이는 복도에서 못하게 했었다. 5교시가 끝나자마자 6교시는 체육 시간이었기에 체육관으로 가는 복도 쪽에서 반장인 내가 먼저 같은 반 친구들에게 팩 차기 놀이를 하자고 권유했다. 금세 팀이 만들어졌다. 3명씩 편을 갈라서 신나게 팩 차기 놀이를 했다. 2:2 동점인 상황에서 수업 시작을 알리는 종이 울렸다. 하지만 우리는 놀이에 너무 몰입한 나머지 종소리를 듣지 못했다. 몇몇 친구들은 종소리를 들었음에도 불구하고, 반장인 내가 계속하니까 별 탈이 없을 것으로 여겨 아무 말도 하지 않은 거였다.

그때 하필 체육관 근처 복도를 지나가던 교장 선생님이 우리를 보았다. 수업 시작종이 울렸는데도 우당탕거리며 놀고 있는 우리를 보고는 황당해하는 표정이 역력했다. 우리는 바로 담임선생님에게 소환되어 처벌을 기다려야 했다. 교장 선생님에게 단단히 혼이 난 담임선생님은 바로 우리를 엎드려 뻗치게 했다. 이윽고 쏟아지는 몽둥이세례로 엉덩이에 불이 났다. 여섯 가운데 네 번째로 엎드려뻗쳐 있던 나는 순서가 다가오자 공포에 질리기 시작했다. 담임선생님 별명이 '대머리빠따'였으니 그럴 만도 했다. 당시 우리 담임선생님한테 걸리면 누구라도 '빠따' 10대는 기본이었는데, 그 10대를 맞고 나면 엉덩이에 피멍이 들었다. '빠따(バッター)'라는 말은 몽둥이로 엉덩이를 때리는, 일본 해군의 체벌행위에서 비롯한 것이다. 그 말이 일제강점기에 우리한테 퍼져서 일상으로 쓰이게 되었다.

필자의 순서가 오자 눈을 질끈 감은 채 이제 죽었구나, 하고 엉덩이에 온 힘을 주었다. 그런데 수초가 지났는데도 매가 엉덩이에 느껴지지 않았다. 잠시 후, 담임선생님은 "민진홍, 일어서!" 하고 소리치시더니 매는 치지 않고 2~3분간 훈계만 하고는 열외를 시켰다. 필자를 건너뛰고는 이윽고 다섯 번째 친구부터 또 매타작이 이어졌다. 그렇게 매타작이 끝나자 다들 화끈거리는 엉덩이를 감싸 안은 채 눈물 콧물 범벅이 되었다.

그때 한 친구가 반장이 하자고 해서 따라 한 것뿐이라며 담임선생님에게 일러바쳤다. 사실이었다. 필자가 하고 싶어서 반 친구들을 부추겼다. 그런데 그때 전혀 예상치 못한 참사가 일어났다. 담임선생님이 그 친구의 뺨을 후려치기 시작했다. 어디서 의리 없게 고자질 하냐며 모욕적인 언사를 퍼부었고, 그때 그 친구는 곤죽이 되도록 더 얻어맞았다.

그때의 강렬한 사건은 내 기억 창고에 아직도 생생하게 저장되어 있다. 단지 공부를 잘한다는 이유만으로 똑같이 잘못을 저지르고도 혼자만 처벌을 면제받은 그런 일들이 학창시절 내내 여러 번 반복되었다(그때는 대개 반에서 1등이 반장을 했다). 지금 돌이켜보면 그때 필자가 친구들과 똑같이 매타작을 받았더라면 오히려 좋았을 것 같다는 생각이 드는 이유는 무얼까? 다른 친구들과 차별하거나 봐주지 않고 나를 진정으로 아껴서 오히려 더 매를 아끼지 않은 스승이 있었더라면 나에게도 그리운 스승이 한 분쯤은 계시지 않을까, 하는 아쉬움이 남기 때문이다.

'부루마불'이라는 국민보드게임이 있다. 50장의 황금열쇠 카드 중에 '우대권' 카드가 딱 1장이 있다. 다른 사람 소유의 도시에 통행료 없이 머무를 수 있는 이 우대권에는 빨간색으로 "중요한 순간에만 쓰십시오!"라는 특이사항이 굵게 적혀 있다. 이 게임에서 상대방이 지니고 있는 아주 고가의 도시에 걸렸을 때 우대권을 '짠~' 하고 내밀어 딱 한 번 요긴하게 써먹을 수 있다.

이렇듯 나는 지난 20여 년의 학창시절 동안 '공부를 잘한다'는 이유만으로 내가 원하든 원하지 않든지 간에 그 우대권이 무시로 쓰였다. 가랑비에 옷 젖는 줄 모른다고, 그런 이유로 아무 생각 없이 목적을 이루기 위해서라면 알게 모르게 불법이나 편법을 당연시하는 습관이 생긴 것 같다.

901플래너 '멘토와의 대화'

그렇게 학창시절에 당연시되어버린 우대권은 역시 사회생활을 하면서도 무시로 남발하게 되었다. 사업을 크게 벌려 나가던 나는 4년 전 가장 기본적인 원칙을 지키지 않음으로써 다국적 외국계 회사와의 계약법 위반으로 20억 원이 넘는 손실을 보게 되었다. 그 여파로 회사가 부도를 맞으면서 가정까지 파탄이 났다. 아내도 친구들도 그렇게 살갑게 굴던 그 많은 지인도 다 곁을 떠나갔다. 허허벌판에 홀로 남은 나는 자살을 시도했지만 그마저 뜻대로 되지 않았다.

남들은 20년 동안 아니 평생 겪어보기 어려운 일들을 2년도 안 되는 그 짧은 동안에 다 겪었다. 중2 때 그 우대권이 나비의 불길한 날갯짓이었다는 것을 진즉에 알았더라면, 그 우대권을 걷어차 버렸을 것이다. 필자에게 매를 아끼지 않은 스승을 진즉에 만났더라면 필자는 그토록 처참한 실패를 겪지 않았을지도 모른다.

이런 일들을 다시 겪지 않기 위해서는 멘토와의 대화를 통해 자기 성찰, 스승과의 교감을 통한 통찰력을 얻을 수 있는데, 자신의 삶에 스마트SMART하게 적용해보자.

SMART는 Specific(구체적), Measurable(측정 가능), Action(행동), Realistic(현실적), Timely(시기적절)의 이니셜이다.

이제 필자는 '8인의 멘토'가 있기에 학창시절의 그리운 은사가 없어도 아쉽지 않다. 여러분이 과거에 어떤 삶을 살았는지는 중요하지 않다. 바로 지금부터가 중요하다. '멘토와의 대화'를 통해 진정한 스승을 만나는 여정을 떠나보자.

멘토와 멘티의 만남,
그것은 축복

퇴근길, 전철 유리창을 통해 한강의 아름다운 야경을 멍하니 바라보고 있는데 문득 C 교수님이 떠올랐다. C 교수님이 나의 멘토였으면 좋겠다는 생각이 들어서 용기를 내어 문자를 보냈다.

"교수님, 저의 멘토로 모시고 싶습니다."

이윽고 기쁜 마음으로 멘토가 되어주겠다는 응답이 왔다. 천군만마를 얻은 듯 기뻤다. 그렇게 C 교수님과는 나와 멘토와 멘티의 인연이 시작되었다.

프로의식을 일깨워준 멘토

2009년 봄, 그룹 연수원에서 임원과 팀장을 대상으로 한 리더십 교육이 진행되었는데, 어떤 강사에 대한 교육생들의 평가가 5점 만점에 가깝다는 이야기가 인재개발팀 담당자들을 통해 들려왔다. 강사가 그런 점수를 받을 수 있다는 게 나로서는 믿기지 않았다. 리더십 교육 평가가 만점 가까이 된다고?

그로부터 얼마 뒤 필자가 교육받을 차례가 되어 그룹 연수원에서 5일간의 교육과정에 들어갔다. 그리고 강사가 어떤 분인지 예의주시하며 틈틈이 교재 뒤편에 강사에 대한 평을 적었다.

그러나 필자는 1일 차 교육을 마치기도 전에 기록을 멈출 수밖에 없었다. 강사로 오신 C 교수님은 교육과정의 설계에서부터 운영까지 얼마나 세밀하게 준비했는지, 정성이 절절히 묻어나는 강의를 해주었다. 교육은 특별히 재미있거나 하지는 않았지만 다들 몰입하며 참여했다. 왜 강사에 대한 교육생들의 평가가 그렇게 높았는지 저절로 고개가 끄덕여졌다.

'아! 프로란 바로 저런 분을 두고 한 말이구나!'

이를 계기로 필자는 '프로 의식'에 대해 깊이 생각하기 시작했다.

프로와 아마추어를 구분 짓는 명확한 기준이 뭘까, 궁금해졌다. 의외로 결론은 단순했다. 돈을 받으면서 일을 하느냐, 돈을 들이면서 하느냐의 차이. 이런 결론을 얻은 후 "나는 어떤 삶을 살고 있는가?"라는 원론적인 질문을 내 자신에게 해봤다. 지금까지는 주어진 일만 열심히 했다면 이제부터는 일에 혼을 담아야겠다고 다짐했다.

그로부터 몇 년이 지난 후 필자는 전문 강사로서 새로운 길을 걷게 되었다. 22년간 몸담았던 직장이 얼마나 크고 안전한 성이었는지, 그리고 전문 강사로서의 삶이 어떤 것인지 절절히 느끼며 이제 4년 차를 맞이하고 있다. 지난 3년의 세월은 험난한 계곡을 오르내리듯 온몸으로 겪으며 성공과 실패의 경험을 통해 성장해온 시간이었다.

특히 강사 2년 차였던 2017년은 매우 힘겨운 시간이었는데, 교수님이 《맹자》를 인용해서 쓴 격려의 편지를 나에게 건네주었다. 살아가면서 멘토가 있다는 것이 얼마나 큰 힘이 되는지 또한 얼마나 감사한 일인지 새삼 느낄 수 있었다. 교수님의 편지는 그동안 지나온 나의 삶과 앞으로 만들어갈 미래를 말해주고 있었다.

"하늘이 장차 큰 임무를 사람에게 내리려 하면, 반드시 먼저 그 마음과 뜻을 괴롭히고, 뼈마디가 꺾어지는 고난을 겪게 하며, 그 몸과 살을 굶주리게 하고, 그 생활을 빈궁에 빠뜨려서 하는 일마다 어지럽게 한다. 이는 그의 마음을 두들겨서 참을성을 길러주어 지금껏 할 수 없었던 일도 하도록 하기 위한 것이다(天將降大任於斯人也, 必先勞其心志, 苦其筋骨, 餓其體膚, 窮乏其身, 行拂亂其所爲. 是故, 動心忍性, 增益其所不能.)."(맹자 고자장)

쇠붙이가 불 속에서 단련되듯 사람도 고초를 겪지 않고서는 쓰임새가 큰 인물이 될 수 없다. 남을 이기는 자는 힘세다 할지 모르겠지만, 자신을 이기는 자야말로 진정으로 강하다 할 것이다. (노자)

2018년 새해, 도전하는 건강한 해가 되길….

피터 드러커의 평생 멘토

최근 다양한 분야의 멘토를 선정하는 기회가 있었다. 직접 만나 인연이 된 분도 있지만 책이나 영상 등을 통해 알게 된 분도 있다. 다양한 분야의 인물을 멘토로 선정하면서 멘토의 사상과 의미 있는 말들이 필자에게 커다란 영향을 준다는 사실을 알게 되면서 놀라곤 했다. 성경에 등장하는 멘토 요셉을 통해 '이끌리는 삶'을, 《성공하는 사람들의 7가지 습관》의 저자 스티븐 코비를 통해 '소중한 것 먼저 하기'를 더 깊게 생각하는 기회가 되었다. 또한 《죽음의 수용소에서》의 저자 빅터 플랭클Viktor Frankl을 통해 "인간은 추상적인 삶의 의미를 추구해서는 안 된다. 사람에게는 누구나 구체적인 과제를 수행할 특정한 일과 사명이 있다"라는 메시지에서 힘을 얻고 성찰의 기회를 갖게 되었다.

경영학의 대부로 일컬어지는 피터 드러커가 13세 때의 일이다. 수업 시간에 필리글러 신부는 학생들에게 돌아가며 질문을 던졌다.

"너희는 죽은 뒤에 어떤 사람으로 기억되길 바라느냐?"

아무도 대답을 못 하자 신부가 말을 이어갔다.

"나는 너희가 이 질문에 대답할 것으로 기대하지 않았다. 그러나 너희가 50세가 되어서도 여전히 이 질문에 답할 수 없다면 너희는 인생을 잘못 살았다고 봐야 할 것이다."

피터 드러커는 95세로 세상을 떠나기 전까지 자신에게 날마다 이 질문을 던지며 살았다고 한다.

멘토링은 대개 지속적인 만남으로 진행되는데, 드러커가 어렸을 적에 신부로부터 받은 질문이 평생 영향을 끼쳤던 것처럼 다양한 형태로 가능하다.

우리에게 멘토가 있듯이 내가 멘토로서 멘티에게 긍정적인 영향을 끼칠 수도 있다. 멘토링을 하면서 멘티뿐만 아니라 멘토도 함께 성장하는 기회가 되기 때문이다.

세상에서 가장 맛있는 밥

7년 전쯤이었을까. 한 대학생의 아버지가 필자에게 아들을 한번 만나달라고 요청을 해왔다. 필자가 당시 대기업 인사팀장으로 있던 터라 아버지로서는 이제 막 병역

의무를 마치고 1학년 2학기에 복학한 아들에게 무슨 도움이라도 될까 싶어 부탁한 것이었다.

청년을 만나 이야기를 나누는데 마치 스펀지가 물을 빨아들이듯 배우려는 자세가 적극적이었다. 그래서 필자가 먼저 청년에게 원한다면 한 달에 한 번씩 멘토링을 해주겠다고 했다. 처음 만났을 때 그 청년은 목돈 2,000만 원을 가지고 있었다. 병역특례로 기업에서 받은 월급을 아껴 모아두었다고 한다. 저축한 돈은 앞으로 등록금으로 일부 사용하고 남은 돈은 결혼자금으로 쓰겠다고 했다. 참 야무지고 기특한 청년이라는 생각이 들었다.

멘토링을 하면서 내 멘티가 영어에 대한 부담감과 장래의 불안감을 느끼고 있다는 것을 알게 되었다. 그래서 멘티의 아버지와 이야기를 나눠보니 등록금 정도는 부모가 충분히 감당할 수 있는 형편이었다. 아버지는 아들이 좀 더 넓은 세상에 나가 직접 보고 느끼길 원했다. 그런데 아들이 자신의 말을 잘 듣지 않는다며 아쉬워했다.

멘토링을 시작하고 몇 개월 후 나는 멘티에게 모아놓은 돈 2,000만 원을 자신을 위해 투자해보지 않겠느냐는 제안을 했다. 멘티는 삼수 끝에 대학에 들어간 터라 어학연수까지 1년을 다녀오면 나이가 많아서 취업이 어려울까 봐 염려했다. 그래서 나는 인사팀장을 한 경험으로 볼 때 시대가 변하고 있고 멘티의 경우 아직은 나이가 부담될 정도는 아니라고 얘기해주었다.

멘티는 어렵게 결심을 하고 캐나다로 어학연수를 떠났다. 어학연수를 하는 동안 멘토링은 카톡으로 이어졌다. 그런데 어학연수를 떠난 지 3개월쯤 되었을까. 멘티는 좀처럼 늘지 않는 영어 실력과 통장의 잔고가 자꾸 줄어들자 고민이 깊어진 듯했다. '잘못 온 것 아닌가' 하는 생각이 든다고 했다. 필자는 그렇게 느끼는 것은 자연스러운 과정이라고 공감해주고, 그 과정을 극복하고 넘겨야 한다고 다독였다. 6개월쯤 지나자 그는 아르바이트로 비용을 마련해 공부를 지속했다. 멘티는 그렇게 1년을 채우고, 유럽에서 배낭여행을 한 후 귀국했다.

그 후 복학한 멘티는 외국인 유학생을 도와주는 멘토 활동에 적극적으로 참여했다. 영어 실력뿐 아니라 세상을 보는 눈을 키우고 돌아온 멘티는 그동안 글로벌 인재로 성장해 있었다.

멘티는 이제 국내 대기업의 금융회사에서 전문가의 길

을 걷고 있다. 멘티가 취업한 후 얼마의 시간이 지나 우리는 그동안의 일을 돌아보며 함께 식사를 했는데, 멘티는 이제 와서 돌이켜보니 당시 캐나다로 떠난 어학연수가 '신의 한 수'였다고 했다. 그때 멘티가 사준 그 첫 식사는 필자에게 돈으로 환산할 수 없는, 세상에서 가장 값진 밥이었다.

누군가를 멘토로 삼아 긍정적 영향을 받는 것과 누군가의 멘토가 되는 것 모두 의미 있는 삶이라는 생각이 든다. 이 두 만남은 서로에게 인생을 윤택하게 하고 성장할 기회를 준다.

내 삶의 여러 방면에서 영향을 끼치고 있는 8명의 멘토와 그들의 메시지를 플래너에 기록하며 어떤 삶을 살 것인지 다시 한 번 생각해본다. 지금까지 그랬던 것처럼 생각이 느슨해지거나 삶에 지칠 때마다 멘토의 메시지를 보며 나를 추스리려고 한다.

6장

미팅·메모 노트
&
인덱싱 독서법

여권을 잃는 것은 별일 아니지만

내 노트를 잃어버리는 것은 내게 재앙과도 같다.

_앙리 마티스

미팅·메모 노트

미팅 노트 운영의 문제

왜 미팅 노트가 중요한가?

비즈니스에서 고객과의 만남은 아주 중요하다. 그런데 미팅 내용을 체계적으로 기록하는 사람은 그리 많지 않은 것 같다.

미팅하면서 주고받았던 대화 내용을 잊어버리거나 정확하게 기억하지 못해 종종 난감한 경우가 있다. 때로는 사업의 성패를 가를 만큼 엄청난 손실을 보는 경우도 있다. 중요한 사안임에도 실행할 때를 놓치거나 기록의 오류로 인한 손실이 대표적이다.

일반 회사(사무직)에서 미팅과 회의 비중은 전체 업무의 30% 정도다. 물론 업종마다 차이는 있다. 직급이 높을수록 그 비중은 점점 더 높아지는데, 경영진은 보통 70% 이상이라고 한다.

그런데도 왜 미팅이나 회의 때 메모를 제대로 하지 않는 걸까? 당장 귀찮다는 이유로 가까운 미래에 닥쳐올 난관을 예측하지 못하는 것이 주된 이유이지만, 메모를 효과적으로 하는 방법을 배우지 못한 것이 또 하나의 이유이다.

할 일 목록(To-Do List)의 중요성

901플래너는 사용자 밀착형 플래너다. 평소에 항상 지니고 다니면서 수시로 적고 관리하는 도구라는 의미인데, 플래너 뒤쪽에 있는 '미팅·메모 노트'가 바로 수시로 기록을 하는 곳이다.

우리가 흔히 여행에서 남는 건 사진밖에 없다고 말하듯 업무 미팅이나 회의가 끝나면 회의록만 남는다. 물론 회의록을 다시 읽어보지 않아도 별 문제가 없는 경우가 더 많다. 하지만 탈이 나는 경우가 가끔 있는데, 그때는 바로 본인이 하기로 결정한 사항을 놓쳤을 때다. '하기로 결정한 사항'을 우리는 '할 일 목록(To-Do List)'이라고 부른다.

회의가 끝난 후 꼭 기억해야 할 사항은 바로 할 일 목록이다. 회의 내용을 꼬치꼬치 캐묻는 사람은 별로 없을 것이므로 이 정도만 기억하고 있으면 탈이 날 일은 거의 없다. 설령 있더라도 할 일 목록에 없는 사항까지 잘 기억하지 못한다고 해서 문책을 받지는 않을 것이다. 회의에서 각자 하기로 결정한 것만 제때 실행하면 된다.

901플래너 미팅·메모 노트의 특징

901플래너에 있는 미팅·메모 노트가 일반적인 노트와 다른 점은 할 일 목록이 노트의 맨 상단에 놓여 있다는 것이다. 할 일 목록에는 단순히 할 일 목록을 적는 데 그치지 않고, 담당자와 기한을 정해놓고 완료할 때까지 모니터링하는 역할을 해준다. 다시 말하지만 각자 담당한 할 일 목록만 완료한다면 큰 문제가 발생할 일은 없다.

미팅·메모 노트의 모습

미팅 노트(회의록) 작성 예를 보면 역시 특이점을 몇 가지 찾을 수 있다.

❶ 회의 제목을 쓴다.

❷ 우측에 미팅 시간을 표시한다.

❸ 내용은 요약해서 짧게 쓴다.

❹ 발언자, 지시자의 이름을 쓴다.

❺ 회의 마지막을 명확히 표시한다. (별색 박스)

❻ 좌우 반으로 나누어 좁은 지면을 최대한 활용한다.

이 밖에도 담당자와 기한을 명시하고 완료했을 때 표시할 수 있는 공간이 준비되어 있다. 예제에는 나타나지 않으나, 할 일 목록 항목을 완료한 경우에는 우측에 어떻게 실행했는지 그 내용을 쓴다.

❼ 할 일 목록 우측에 화살표(➜)를 넣고 실행한 내용을 쓴다.

이처럼 업무적으로 미팅한 내용을 기록해나가면 중요한 내용은 대부분 놓치지 않는다. 특히 가장 중요한 본인의 '할 일 목록(To-Do List)'을 놓치지 않고 제대로 실행할 수 있다.

인덱싱 독서법

성장을 위한 최선의 방법은 독서

901플래너는 다양한 철학을 내포하고 있는데, 특별히 강조하는 키워드가 '성장'이다. 성장을 생각하면 우선 연상되는 것이 '독서'다.

사람들은 직간접적으로 많은 것을 배우는데, 직접 경험을 통해서 배우는 방법은 시공간적으로 많은 제약이 따르므로 주로 간접 경험을 선택할 수밖에 없다. 그중 우리가 가장 손쉽게 그리고 자유롭게 할 수 있는 것이 독서다.

일기를 수년 이상 매일같이 꾸준히 써온 사람은 생각보

다 많지 않다. 그러니 보통 한 쪽 정도 쓰는 일기보다 훨씬 더 심오하고 상세한 항목들을 매일 써야 하는 901플래너 사용자들은 성장 욕구가 참으로 강한 사람들이다. 이들은 예외 없이 독서를 중요하게 여긴다. 이들을 위해서 플래너의 마지막 부분에 독서 리스트와 인덱싱 독서 노트를 배치했다.

다양한 사람들이 다양한 책을 다양한 목적으로 읽는다. 그러므로 책을 읽는 방법 역시 다양하다. 그중에 '인덱싱 독서법'은 책의 내용을 십분 활용할 수 있도록 해주는 매우 실용적인 독서법이다. 901플래너 맨 마지막에 있는 인덱싱 독서 노트도 인덱싱 독서법에 최적화되어 있는 템플릿이다.

인덱싱 독서법이란?

인덱싱 독서법은 책 내용을 충분히 활용하기를 원하는 사람들을 위한 독서법인데, 그 특징은 다음 3가지로 요약할 수 있다.

1. 필요한 핵심을 찾아 빨리 읽을 수 있다.
2. 독서 노트 정리 시간을 최소화한다.
3. 정리된 지식이 누적되고 필요할 때마다 100% 활용할 수 있다.

인덱싱 독서법에 관련해서는 향후 출간할 책에서 자세히 안내할 예정이므로 여기에서는 901플래너의 독서 노트 사용법을 중심으로 설명하려고 한다.

중요한 가정 2가지

1. 일반 서적에서 취할 수 있는 유용한 정보는 전체의 10% 이내다.

인덱싱 독서법에서는 교과서나 인문고전서가 아닌 일반 서적에는 독자가 필요로 하는 정보가 전체의 10% 이내라고 가정한다. 물론 책에 따라 중요한 내용이 그보다 훨씬 많을 수도 있고 적을 수도 있다.

인덱싱 독서 노트 v.13		2018년
# 15	제목 : (업무의 50%를 줄이는) 30분 회의	저자 : 정 찬 우
장르 : 자기계발/경영	평점 : 8/10	시작 : 2018/ 7 /14 완료 : 2018/ 7 /18

□요약 □키워드 ☑적용점

회의를 할 때는 할 일을 꼭 도출한다!!

P_ 22	이상적인 회의 조건
P_ 31	회의의 대표적 문제점
P_ 50	올바른 회의의 요건
P_ 52	30분 회의의 요건
P_ 104	이슈 회의 진행 순서
P_ 129	회의록 공유의 효과 – 직원 육성, 평가 근거
P_ 148	의도적 객관화
P_ 167	30분 회의 진행 원칙
P_	
P_	

2. 긴 메모는 거의 다시 읽지 않는다.

전에 몇몇 독서 모임에 참석하면서 (책이 음식이라면) 엄청난 대식가를 몇 명 만날 기회가 있었다. 그들은 일주일에 두 권 이상을 읽을 뿐만 아니라 정리도 세련되게 잘했다. 얼핏 보아 200쪽도 넘어 보이는 독서록을 가진 한 대식가에게 몇 가지 물어보았다.

"와~ 대단하세요. 저렇게 많은 책을 읽고 또 체계적으로 정리까지 하신다니…."

"별것 아니에요. 습관이 되면 쉬워요."

"그렇군요. 저도 그런 습관을 지니고 싶어요. 그런데 저렇게 꼼꼼히 정리해놓은 내용을 자주 읽어보시나요?"

"아뇨. 솔직히 얘기하면 다시 읽을 시간이 거의 없어요."

그렇게 정리한 노트를 자주 리뷰까지 한다고 했으면 더 놀라웠겠지만, 사실은 솔직한 답변이 고마웠다. 필자가 짐작했던 대로였기 때문이다. 여기에서 필자가 내린 결론은 "사람들은 길게 정리한 메모는 거의 다시 읽지 않는다"라는 것이다. 필자는 수많은 회의에 참석해봤을 뿐 아니라 수없이 회의를 주관하기도 했는데, 항상 깨닫는 것은 긴 회의록은 아무도 안 보는 쓰레기와 같다는 것이다.

이런 생각이 901플래너 독서 노트에도 그대로 반영되었다고 볼 수 있다. 아무리 자기가 공들여서 정리한 독서 노트라도 정리해놓은 양이 많으면 다시 펴보기 싫다.

나중에 활용할 것 10개 찾아내기

901플래너에서 제공하는 인덱싱 독서법의 '독서 노트'는 책 한 권을 반 페이지로 정리하도록 구성했다. 어쩌면 작가의 인생이 통째로 녹아 있는 한 권의 책을 반 페이지로 요약한다는 것은 어불성설일지 모른다. 하지만 나중에 다시 꺼내서 활용할 부분 중 가장 중요한 10개만 찾아내어 작은 제목을 붙여 놓는다면 우리의 용도로는 적절하지 않을까 싶다.

그래서 독서 노트의 주요 부분은 10개의 칸으로 구성했다. 각각의 칸에는 유용하다고 여겨 찾아낸 내용의 타이틀 또는 짧게 요약해서 쓰는 것이 좋다.

각 줄의 맨 앞에는 'P_' 표시가 있는데, 이는 페이지를 표시하는 부분이다. 책을 읽은 직후에는 자기가 붙인 타이틀만 봐도 내용이 대부분 기억날 테지만, 시간이 어느 정도 지나서 다시 본다면 잊었을 가능성이 높다. 그리고 제대로 인용을 하려면 원본 내용이 필요한데, 아무리 잘 외우고 있다 하더라도 어디에 있는 내용인지 위치를 정확히 알아야 한다.

그 외의 항목들, 즉 제목, 저자, 장르, 시작일, 완료일 등을 적는다. 특이한 점은 10점 만점을 기준으로 평점을 쓰게 되어 있는데, 5점 이상이라면 다시 읽어볼 가치가 있는 책으로 보면 된다.

부록

901플래너
사용 후기

정찬우

김효석

민진홍

박희석

홍성희

김부길

동화 같은 90일의 결말 _정찬우

우리가 알고 있는 시중의 플래너나 다이어리는 1년을 관리하도록 디자인된 반면, 901플래너는 90일, 즉 3개월을 하나의 단위로 관리하는 것이 가장 두드러진 특징이다.

'901플래너'의 처음 이름은 '90일 성공플래너'였다. '901플래너'를 출시한 지 얼마 안 되어 대기업 H그룹의 대리·과장급 직원들을 대상으로 '90일 성공플래너' 강의를 한 적이 있었다. 4시간 정도의 꽤 긴 강의였는데, 둘째 시간이 끝난 후, 홍보 마

[901의 중의적인 표현]

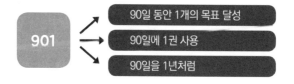

케팅 담당 직원이 '90일 성공플래너'라는 이름은 너무 단순하고 직설적이어서 별로인 것 같다고 했다. 그러면서 90일 대신 901이 어떻겠냐는 의견을 주었다. 꽤 괜찮은 중의적 표현으로 생각되었으므로 그 자리에서 그 아이디어를 내가 써도 되겠냐고 물어보고 허락을 받아 두었다. 실제로 다음 버전에서 '901플래너'라는 이름으로 출시했다. 지금은 모든 플래너를 '901플래너'라는 이름으로 사용하고 있다.

요즘 901플래너를 처음 쓰는 분들은 두꺼운 인조가죽으로 싸인 양장본을 떠올린다. 하지만 2017년 4월 1일부터 나와 함께 '90일 성공플래' 1번 단톡방을 함께했던 15명의 전사(?)들은 손으로 직접 만들어서 바인더에 끼운 플래너를 기억할 것이다. 두꺼운 종이에 파워포인트로 그린 포맷을 사무실의 프린터로 인쇄한 다음 2장씩 구멍을 뚫어 스프링 바인더에 끼웠다. 모든 것이 수작업이다 보니 10세트를 만들려면 거의 밤을 새워야 했다.

당시 플래너 매일 쓰기 모임을 함께한 멤버들은 모두 90일 이내에 이룰 목표를 저마다 한 가지씩 정했는데, 그때 나는 "멋진 양장본 플래너를 90일 이내에 출시하는 것"으로 정했다.

예상과는 달리 암초가 많았다. 파워포인트에 수작업으로 그려왔던 포맷을 인쇄용으로 만드는 작업은 디자이너와 한참을 다시 작업해야 하는 번거로운 일이었고, 종이의 재질은 물론 커버용 인조가죽의 종류까지 하나하나 다 지정해야 한다는 사실은 상상도 못 했던 일이었다. 여유 있을 줄 알았던 90일은 금세 지나갔다. 중간에 불량품 발생으로 전체 재작업을 한 것과 같은 애환을 이야기하자면 밤을 새워도 모자랄 것이다.

어쨌든 우여곡절 끝에 드디어 '90일 성공플래너' 제작이 완료되었다. 참으로 신기한 것은 내가 플래너를 사무실에 배송받은 날이 6월 30일이었는데, 이날은 바로 90일 목표를 달성하려고 했던 90일째 되는 날이었다. 어떻게 4월 1일부터 딱 90일이 되던 그 날에 배송이 완료되었는지 생각할수록 신기했고, 그날 플래너를 기다리고 있던 고객에게 3권을 판매했다. 멋지게 지어낸 동화 같지만 사실이다.

어떤 이에게 901플래너는 한참을 설명해야만 이해가 되는 시스템일 수도 있다. 하지만 내게 901플래너의 매직은 말 그대로 이루어질 수밖에 없는 현실이다.

1,000명의 클론 만들기 _김효석

1,000명의 클론 만들기는 10년 전부터 꿈꾸고 있는 나의 비전이다. '설득 강사'로 불리며 많은 사랑을 받은 지 20여 년. 감사하고 행복하다. 내가 가진 능력보다 과대평가되고, 내가 가진 지식보다 과분한 학위도 받았다.

열심히 뛰어야 할 젊은 나이에 말 못 할 사정으로 현장에서 밀려났을 때 현역에서 열심히 뛰는 동료가 부러웠다. 그때 밥벌이로 일찍 시작한 강사 생활이 나를 더 많은 강단에 서게 했고, 좋은 분들을 많이 만날 수 있었다. 그러나 특강 강사로 수많은 사람에게 동기부여를 해주는 것도 보람 있지만 내가 가진 달란트를 더 많은 사람에게 복제하여 더 많은 변화를 만들고 싶었다. 그러던 중 901플래너를 만났다. 이 플래너는 90일만 쓰면 누구든지 성과를 낼 수 있고, 그 과정에서 많은 시행착오도 경험할 수 있다. 나 역시 수많은 시행착오를 경험했다. 그래서 901플래너가 더 소중하다. 시도하지 않았다면 그런 경험을 하지 못했을 거 아닌가. 그런 시행착오를 알려줘서 더 큰 실수를 줄이는 것, 그것 또한 강사의 일이다.

4차 산업혁명 시대는 이제 1인 기업, 1인 미디어, 1인 경영의 시대다. 내가 나를 경영한다는 것은 내가 나를 고용하는 것. 누군가를 고용했다면 목표를 주어야 하고 그 일의 성과를 평가하여 포상도 해야 한다. 901플래너는 자신에게 목표를 주고 평가하고 포상하게 한다. 이제 우리는 자기 경영 전에 겸손하게 자기 고용부터 하자. 901플래너가 도와줄 것이다.

내 모든 것을 빛낸 901플래너 _민진홍

나는 메모광이다. 기록하는 습관을 들인 지는 20년 가까이 된다. 시중에 나온 숱한 시스템 플래너를 다 사용해보고 접해왔다. 어떤 것은 5년 이상 꾸준히 썼다. 그런데 901플래너는 개발

자인 정찬우 박사로부터 소개받자마자 '이것이다!' 하는 느낌이 왔다. 다음날부터 바로 3년 넘게 사용해온 시스템 다이어리 대신에 901플래너를 사용했다.

물론 처음에는 생각보다 불편했다. 이 플래너는 일반 다이어리보다 작성할 것들이 너무 많았다. 매일 나오는 '오늘의 질문'도 불편했고, '나의 드림'이라고 100개씩 쓰는 것도 만만치 않았다. 맨 마지막의 '오늘의 리뷰'에 이르러 10점에서 100점까지 하루를 객관적으로 평가하는 것도 익숙지 않았다. 점수를 셀프로 매긴 후 본인이 잘한 점과 실수한 점, 개선을 위한 향후 실행 방향까지 피드백해야 하는 번거로움이 있었다.

하지만 쓰기 시작한 지 10일쯤 지나서부터 901플래너는 서서히 그 진가를 발휘했다. '오늘의 질문'은 그날의 큰 주제에 대해 해결책이 담긴 아이디어 보물 창고였다. 학창시절에 빽빽하게 작성했던 이와 같은 '나의 드림'은 901플래너에 다시 매일 기록하면서 비전이 구체화되고 각인되었다. 하루를 마감하는 '오늘의 리뷰'는 내가 보낸 하루를 정확히 수치로 나타낼 수 있어 오늘보다 더 나은 내일을 준비할 수 있었다. 현대 경영학의 아버지로 불리는 피터 드러커는 "측정할 수 없으면 개선할 수 없다"라고 했다. 901플래너를 작성하면서 세계적인 경영학자 피터 드러커가 항상 내 옆에 있는 듯한 느낌을 받았다.

901플래너는 필자가 20년간 써본 수많은 플래너 중에서 가장 퍼포먼스가 뛰어나고 성과가 확실한 도구다. 지난 2년간 이 도구를 쓰면서 내가 운영하는 땡큐리더십센터의 매출은 2배 이상, 순이익은 3배 이상 증가했다.

독자 여러분께 자신 있게 말씀드린다. 속는 셈 치고 딱 90일 만 눈 감고 함께해보자고. 나처럼 쓰는 대로 이루어지는 기적을 여러분과 함께 나누고 싶은 마음 간절하다. 이 도구를 처음 만난 2년 전을 떠올리며 오늘도 외친다.

"Thank you, very much! 901 Planner!"

오랜 꿈이 거짓말처럼 이루어졌다 _박희석

내 꿈은 동기부여 강사였다. 나의 삶이 도전의 연속이었기에, 그동안 다양한 경험을 통해 터득한 인생 노하우를 다른 사람들과 나누고 싶었다. 그들을 변화시켜 보다 나은 삶을 살 수 있게 도와주고 싶었다.

901플래너를 만난 2018년 7월 18일. 그간 막연함을 안고 살던 내가 동기부여 강사로 꿈을 펼칠 수 있는 계기가 된 날이다. 김효석 박사의 소개로 정찬우 박사의 901플래너 강의를 들었다. 강의를 듣는 순간, 901플래너로 내가 막연히 꿈꾸던 동기부여 강사가 될 수 있겠다는 확신이 섰다.

매일 중요한 이슈에 대해 스스로 질문과 답을 찾고, 하루하루 시간 관리를 통해 나를 돌아보며 반성할 수 있었다. 자신을 꾸준히 성장시킬 수 있는 901플래너야말로 한 사람의 인생을 바꿀 수 있는 강력한 도구였다.

나 역시 90일 동안 플래너 한 권을 쓰고 많은 것이 바뀌었다. 특히 90일이 끝나는 시점에 청중에서 강사로 강단에 서는 놀라운 경험을 할 수 있었다. 2017년 12월 10일에는 사랑하는 아들 장현과 딸 수현 그리고 아들의 여자친구 솔비 앞에서 901플래너 강의를 할 수 있었다. 사랑하는 이들과 호흡하며 꿈을 심어주고 그들의 성장에 기여할 수 있었던 그 감동은 아직도 생생하다.

내 인생을 바꿀 수도, 다른 사람의 인생을 바꿀 수도 있는 901플래너. 앞으로 많은 사람의 인생을 바꾸는 인생 플래너로 널리 보급되기를 희망한다.

인생의 전환점에서 만난 귀인 _홍성희

나는 45세까지만 일하고 그 이후부터는 여행을 다니면서 인생을 좀 편히 살고 싶었다. 대학 졸업 후 여수MBC 아나운서를 시작으로 전문 MC, 리포터 또 결혼, 출산과 함께 홈쇼핑 쇼호스트로 20여 년을 달려오느라 좀 지쳐 있었기 때문이다. 게다가 일에 대한 열정까지 점점 사라지고 있었다. 그러던 어느 날 TV 채널을 돌리다가 우연히 보게 되었는데, 96세의 노교수가 하는 말에 내 마음이 갑자기 요동치기 시작했다.

"젊게 살고 싶으세요? 그렇다면 이 세 가지를 꼭 하십시오. 첫째, 운동하십시오. 저는 지금 96세의 나이에도 일주일에 세 번씩 수영합니다. 둘째, 일하십시오. 일을 통해 자아성취를 할 때 인생은 행복합니다. 셋째, 봉사하십시오. 다른 사람에게 도움이 될 때 인생의 진정한 의미를 느끼게 됩니다. 이제는 100세 시대입니다. 젊게 살고 싶다면 이 세 가지를 꼭 실천하십시오."

그 후 나는 내 마음속의 소리에 집중하며 새로운 도전을 시작했다. 15년간 근무했던 현대홈쇼핑 쇼호스트에서 홈쇼핑 전문 게스트(쇼호스트와 함께 제조회사를 대신해 상품을 소개하는 진행자)로 그리고 그동안의 경험과 지식으로 후배 양성을 꿈꾸며 한국영상대학교에서 학생들을 가르치게 되었다. 또 전문 강사로서의 꿈도 키웠는데, 그때 만난 것이 바로 901플래너다.

나는 이 플래너를 본 순간 한눈에 반해버렸다. 이 안에는 내가 막연하게 꿈꾸어온 것들을 구체화해줄 수 있는 여러 가지 장치가 잘 마련되어 있었다. 그래서 이대로만 따라 하면 더 쉽고 재밌게 내 꿈을 이룰 수 있을 것이라는 믿음이 생겼다. 그리고 이 믿음은 1년 동안 플래너를 네 권째 쓰면서 점점 더 확고해졌다. 여러 가지 어려운 문제를 잘 풀어가며 홈쇼핑 전문 게스트로 점점 자리를 잡아가고 있고, 또 학원뿐 아니라 대학에서도 가르치는 재미와 보람을 느끼고 있기 때문이다. 또한 틈틈이 인터넷 동영상을 보며 혼자 수영을 연습해 접영을 할 수 있게 되었고, 부족한 실력이지만 성모송을 작곡해 성당에서 이 곡을 합창으로 불렀을 때의 그 감사한 마음은 지금도 잊지 못한다.

한 번뿐인 인생! 성공해서 행복하게 살고 싶은 마음은 누구나 마찬가지일 것이다. '성공'의 반대말은 '실패'가 아니라 '시도하지 않는 것'이라고 한다. 내가 만일 내 인생의 2막에서 901플래너를 시작하지 않았다면 지금 어땠을까?

여러분이 우연히 이 책을 펼쳤다면, 부디 901플래너와 함께 행복한 길을 걷길 바란다. 진심으로.

10년지기를 버리게 만든 매력 _김부길

나는 대기업의 엔지니어 출신으로 인사팀장을 한 독특한 이력을 가지고 있다. 현재는 기업과 공공기관, 대학에서 전문 강사와 컨설턴트, 문제해결 및 비즈니스 코치 등으로 활동하고 있다.

내가 플래너를 쓰기 시작한 지 10년이 넘었다. 셀프매니지먼트의 가장 효과적인 방법의 하나는 플래너 활용임을 경험했고 이제는 확신한다. 과거 인사팀장 시절 직원들에게 플래너를 활용하도록 소개하고 지원했던 일은 아직도 가슴 벅찬 순간으로 기억된다.

그러던 2017년 봄, 정찬우 박사에게 901플래너를 소개받고 정품을 출시하기 전 파일럿Pilot 사용에 참여하게 되었다. 그리고 3개월 동안 생애 처음으로 기존에 사용하던 F플래너와 901플래너를 병행해서 사용하는 기이한 경험을 했다. 10년 가까이 애정을 갖고 활용하며 주변에 전파해오던 플래너를 중단하고 새로운 플래너로 바꾸기는 쉽지 않은 결정이었다.

2017년 4월에서 6월까지 901플래너를 사용한 후에 일단 중단했다(3개월 동안 1권 사용). 다시 기존의 F플래너만 사용하기 시작했다. 지나고 보니 이 기간은 10년을 함께해온 아쉬운 마음을 전하는 작별의 기간이었던 셈이다.

3개월간 경험한 901플래너는 너무 매력적이어서 나를 강력하게 끌어당겼다. 그렇게 정찬우 박사와 플래너의 강점을 극대화하고 사용자 편의성과 효과성을 높이기 위해 지혜를 모으는 일에 힘을 보탰다. 3개월의 공백기를 거쳐 나는 901플래너로 완전히 전환했고, 지금은 매일 주도적으로 새로운 스토리를 써 나가고 있다.

이제 우리나라는 일주일에 52시간의 근무체제로 바뀌어 향후 스스로 자기 관리를 하는 셀프매니지먼트 역량과 몰입의 중요성이 부각될 것으로 보인다. 또한 우리나라는 초고령화 사회에 접어들고 있는데, 인생 2막, 3막을 체계적으로 준비해야 한다. 이를 위해 주도적인 자기 관리, 즉 셀프매니지먼트가 매우 중요하다. 이러한 상황에서 901플래너가 축복의 선물이 되리라고 감히 말한다.